Una
Introducción
a la
Misión

Una Introducción a la Misión

Carlos F. Cardoza Orlandi

ABINGDON PRESS / Nashville

UNA INTRODUCCIÓN A LA MISIÓN

03 04 05 06 07 08 09 10 11 12—12 11 10 9 8 7 6 5 4 3
HECHO EN LOS ESTADOS UNIDOS DE NORTEAMÉRICA

Dedicatoria

A las iglesias y comunidades hispanas/latinas en los Estados Unidos, maestras de la misión transcultural;

A la Iglesia Evangélica Española del Bronx, New York;

A la Iglesia Cristiana (Discípulos de Cristo) Sinaí en Brooklyn, New York;

A la Tercera Iglesia Cristiana (Discípulos de Cristo) en el West Side, Manhattan, New York;

A la Iglesia Cristiana (Discípulos de Cristo) La Hermosa en Manhattan, New York;

A la Iglesia Cristiana (Discípulos de Cristo) El Aposento en Forest Park, Georgia;

Y a Ferdinand García, por la oportunidad que me brindó para servir a estas congregaciones que tanto me han enseñado

Agradecimiento

Deseo expresar mi agradecimiento a la Asociación para la Educación Teológica Hispana (AETH), al Seminario Teológico de Columbia y a la «Lilly Faculty Grant of the Association of Theological Schools» por el apoyo moral y económico durante parte de este proyecto misiológico.

Contenido

Prefacio

*D*esde sus mismos inicios, la Asociación para la Educación Teológica Hispana (AETH) se propuso fomentar una forma de educación que fuese apropiada para nuestro contexto y situación particular. Esto implica que cada una de las tres palabras principales que caracterizan a la Asociación —«educación», «teológica» e «hispana»— han de afectar el modo en que las otras dos se entienden. Nuestra *educación* ha de ser teológica e hispana. Nuestra *teología* ha de ser educativa e hispana. Y hasta nuestro entendimiento de lo que es *hispano* ha de fraguarse dentro de una perspectiva educativa y teológica.

El libro de Carlos Cardoza Orlandi, que ahora publica la casa editorial Abingdon y la Asociación para la Educación Teológica Hispana, es un buen ejemplo del modo en que esto se ha de lograr.

Este es un libro que *educa* para la misión. Sin embargo, su perspectiva sobre lo que es educar surge del crisol de una visión teológica e hispana. Tristemente, y con mucha frecuencia, la educación tiene un carácter elitista y hasta opresivo: quienes «saben» comparten sus conocimientos con quienes «no saben» y, de ese modo, indirecta y sutilmente proclaman su superioridad y dominio sobre quienes aprenden. Aunque es verdad que existe un cierto sentido en que la educación involucra transmisión de conocimientos, también es cierto que existen muchos modos de «decir» las cosas, o de enseñar.

Si Carlos Cardoza Orlandi puede escribir un libro sobre la misión, en parte se debe a que ha dedicado años al estudio del tema. Hay mucho dentro de esta área que no podremos saber sin que él nos lo diga. La manera en que el autor de este libro ha escogido enseñar, aunque es al mismo tiempo una fuerte crítica de lo que habíamos aprendido con anterioridad y que creíamos «saber», también es capaz de reconocer nuestra capacidad para pensar, para criticar, para llegar a nuestras propias conclusiones. Por lo tanto, la educación que aquí se nos ofrece es «teológica» en el más profundo sentido de la palabra, y no sólo por el contenido, sino también por la forma y el espíritu con que se enseña y que irradian una perspectiva informada por el evangelio. Así que, cualquier persona que lea este libro, en lugar de sentirse oprimida o humillada con sus conocimientos superiores se sentirá afirmada porque le mostrará que también es capaz de hacer teología, de ser sujeto de misión.

Esta educación también es *hispana*, no sólo en el sentido de que va dirigida hacia el pueblo que habla esta lengua, sino, sobre todo, porque su contenido y su enfoque son hispanos. Hispanos son muchos de los ejemplos que Cardoza utiliza para ilustrar o clarificar lo que nos dice; hispana es su preocupación de que los lectores y lectoras no simplemente sean objetos, sino que también se conviertan en sujetos de misión; e hispana es su perspectiva sobre la historia de las misiones y su relación con los colonialismos del siglo 16 y 19.

Si, por otra parte, analizamos la *teología* que informa este libro, vemos que es educativa e hispana. Es educativa, por cuanto afirma que el propósito del Dios misionero es llevar, conducir, educar a su creación hacia un futuro de paz, amor y justicia. Así pues, no se trata de una teología a la que se le añade una dimensión educativa, sino de una teología en que la educación —en el sentido más amplio del término— se encuentra en el centro mismo de su entendimiento sobre Dios y la misión. Es hispana, por cuanto se trata de una teología francamente contextual arraigada en el contexto —o los contextos— hispano, caribeño y latinoamericano. Esto se nota en que, a diferencia de otros tratados acerca de la misión, Cardoza cita a autores latinos —así reconociendo su importancia en esta área de estudio— y no solamente a alemanes, holandeses, y de otras nacionalidades. A diferencia de otros tratados, el de Cardoza refleja la experiencia y la teología de quienes por siglos han sido vistos no solamente como objetos de misión, sino de colonización y explotación.

Por último, al mismo tiempo que aquí se nos presenta una misiología *hispana*, esa misma hispanidad se entiende en términos teológicos y educativos. Ser hispano o hispana no es sencillamente algo que ya conocemos, algo ya dado, sino también algo que tenemos que ir aprendiendo, redefiniendo y modificando según vayamos encontrando nuevas realidades y nuevos retos; en otras palabras, algo que tenemos que ir formando según nos vayamos educando.

El significado de ser hispana o hispano es parte de un aprendizaje constante. Y es también una cuestión teológica, pues la misión de Dios incluye lo que Dios está haciendo con nuestra hispanidad. Cardoza nos recuerda, y toma muy en serio, el hecho de que las culturas no son realidades dadas, sino entidades vivas, cambiantes, en las que tanto Dios como el pecado imprimen su sello. La misión de Dios hacia la hispanidad no consiste sencillamente en lo que Dios intenta hacer de forma individual en cada persona hispana, sino que también incluye la misión de Dios en y dentro de la(s) cultura(s) hispana(s): una misión de afirmación y de reivindicación, también de juicio y de transformación, pero sobre todo de promesa y de esperanza.

En este libro, y dentro de nuestro contexto de educación teológica hispana, Carlos Cardoza Orlandi nos ofrece amplios y diversos paradigmas para re-pensar la misión y el llamado del Dios misionero, para considerar en qué sentidos hemos de ser objetos de misión, y en qué sentidos sujetos; y, a final de cuentas, para ser más fieles al llamado del Dios misionero. Con ello, el Dr. Cardoza hace una valiosa contribución a la vida de la iglesia latina en el siglo 21. Esperemos que esa iglesia, impulsada por una nueva visión sobre la misión de Dios, pueda utilizar lo que aquí se dice para ser más fiel a su propia misión.

Justo L. González
Decatur, GA
11 de diciembre del 2002

Introducción

Una perspectiva «nueva»

¡Mi corazón reboza de entusiasmo cuando pienso en el futuro de la misión cristiana! Miles de comunidades cristianas alrededor del mundo luchan por ser fieles al evangelio de Jesucristo en su búsqueda por descubrir y participar en la misión de Dios en el mundo. Las comunidades de fe viven en una constante búsqueda para discernir su llamado, su envío y su quehacer misionero. En muchas ocasiones la misión de Dios se realiza *a pesar* del trabajo misionero de las comunidades de fe y sólo lo descubrimos al pasar el tiempo y reconocer que nuestro discernimiento y tarea misionera se quedó corta de la expectativa que teníamos, y sobre todo, muy corta del propósito y la misión de Dios.

Ya sea que la tarea misionera fue un éxito o que se quedó corta, la verdad es que nuestras comunidades de fe leen e interpretan las Escrituras, estudian la historia de la iglesia y las misiones, reflexionan teológicamente y desarrollan programas buscando ser fieles a la misión de Dios. Muchas congregaciones cristianas continúan respondiendo al llamado de Dios, ese llamado a ser «un pueblo misionero».

Nuestras congregaciones y comunidades cristianas tienen una gran pasión por la misión y la evangelización. No obstante, en muchas ocasiones carecemos de recursos intelectuales, espirituales y materiales para cumplir con la misión de Dios. Todavía más, nos lanzamos con mucho entusiasmo y valor a una tarea compleja y rica, careciendo de una reflexión *crítica* misional sobre qué significa ser co-partícipes en la misión de Dios. Desafortunadamente, en muchas ocasiones hemos adoptado teologías e imitado estrategias de misión que, al estudiar y analizarlas con cautela y críticamente, no reflejan nuestro espíritu hispano/latino, caribeño y latinoamericano.

Esta introducción a la misión está escrita desde una perspectiva particular. Esta perspectiva no está circunscrita a mi cultura hispana/caribeña, pero sí está relacionada a mi historia y geografía personal y comunal. Esta introducción a la misión se escribe desde la perspectiva *de una persona que ha sido objeto de la misión y evangelización cristiana.* La mayoría de los textos sobre el tema de la misión y la evangelización están escritos por misiólogos euro-americanos quienes tienen un profundo compromiso con el evangelio y los grupos a quienes han servido. Hay algunos escritos por misiólogos de los continentes y regiones del Sur,[1] aunque muchos de ellos se concentran en *una sola* dimensión del trabajo misionero: la contextualización, el diálogo inter-religioso, la interpretación misional de las Escrituras, u otros temas. Muy pocos textos de misión —en español o en inglés— han sido escritos por personas que viven una doble identidad misional: han sido *objetos* de la misión y, recientemente, también han descubierto que son *sujetos* de la misión.

Esta introducción representa esta perspectiva desde esa doble identidad —ser *objeto y sujeto* de la misión— y desde el lente cultural hispano/caribeño. Como ya lo indiqué arriba, yo comparto con los lectores mi experiencia misional de haber sido evangelizado, de haber sido *objeto* de la misión. En muchas ocasiones, ser *objeto* de la misión significó que mi cultura se juzgó inferior y subordinada y mi trasfondo religioso se entendió como deficiente y deteriorante por grupos misioneros. Todavía más, como *objeto* de misión, se espera que yo esté ingenuamente agradecido por el evangelio transmitido, por la civilización y la educación recibida y dispuesto a realizar labores misionales por amor al reino de Dios. Desafortunadamente, de una persona que ha sido *objeto* de la misión no se espera una actitud crítica a la teología y estrategias de la transmisión del evangelio, ni una postura asertiva y de convicción sobre el valor de mi cultura hispana/caribeña, y mucho menos la determinación y el arrojo para descubrir, entender y participar de la misión de Dios en el mundo. Estas últimas características no pertenecen a una persona que es *objeto* de la misión, sino *sujeto* de la misión.

El proceso por el cual descubrimos nuestra doble identidad misional —que somos *objeto* y *sujeto* de la misión— nos invita a explorar, estudiar, analizar, reflexionar, rechazar o actualizar las prácticas y teologías de la misión que hemos heredado. Todavía más, descubrir nuestra doble identidad misional exige que no sólo dependamos de lo que hemos heredado, sino que seamos co-creadores, *sujetos* en la gestión misionera. Por tanto, esta doble identidad misional de ser *objetos* y *sujetos* de la misión nos ubica en una paradoja interesante: vivimos entre la *continuidad* de los patrones misioneros heredados y *la discontinuidad* de estos patrones impulsada por la creatividad del Espíritu de Dios en una situación misionera novedosa. Esta nueva perspectiva es una de las contribuciones que informa y forma esta introducción a la misión.

De misiones, a misión, a misiología

«La misión es para la iglesia lo que la combustión es para el fuego.» Con estas palabras el teólogo Emil Brunner describió la importancia de la misión para la vida de la iglesia de Jesucristo. El pueblo evangélico define su identidad en el trabajo misionero, en la comunicación efectiva y clara del evangelio de Cristo. En pocas palabras, ser iglesia es hacer misión.

Tradicionalmente el término «misión» se confunde con el término «misiones». Para muchos creyentes, hablar de «misiones» *es referirse a la actividad que hace la iglesia para comunicar el evangelio a los no-evangelizados*. Por tanto, es muy común que el término misiones proyecte un ministerio de ultramar, es decir, un ministerio fuera del territorio nacional de una iglesia o denominación. Además, el término misiones evoca una tarea de expansión, de crecimiento, y particularmente la expansión y crecimiento de la fe cristiana. Se realizan misiones y se envían misioneros al extranjero para expandir la Cristiandad[2] y, en algunos casos más recientes, el cristianismo.

Esa definición de misiones limita la misión de la iglesia a dos campos. Primero, las misiones se refieren *a la actividad de la iglesia o grupo eclesiástico*. El foco de la actividad misionera es una institución, sea ésta la iglesia, la denominación o una organización misionera. Segundo, las misiones se dirigen a un grupo particular de personas, a *las no-evangelizadas*. Esto se entiende como las personas que no conocen a Dios y no están comprometidas con una iglesia. Por tanto, el objetivo de esta actividad misionera *es que los no-evangelizados pasen a ser miembros de una iglesia*.

Por otro lado, las misiones presentan algunos problemas bíblicos y teológicos. Por ejemplo, el concepto de misiones tiene como protagonista principal a la iglesia, denominación u organización misionera, aunque la Biblia da testimonio de que el protagonista de toda actividad misionera es Dios. El capítulo 17 de Juan es un claro ejemplo de la centralidad de Dios en la actividad misionera. También ilustra la relación que existe entre el acto de Dios al enviar al Hijo y el acto del Hijo al enviar a los discípulos.

Esta *relación* entre los que envían (Dios y el Hijo), los enviados (el Hijo y los discípulos) y el mundo, no existe cuando se habla de misiones. El término está tan identificado con la actividad de la iglesia que pasa por alto, primero, que la actividad misionera comienza en Dios; y en segundo lugar, que dicha actividad tiene un carácter relacional entre el que envía, los enviados y el mundo. En otras palabras, toda actividad misionera es el testimonio de lo que Dios hace en el mundo (no la iglesia, la denominación ni la institución misionera) y cómo ese testimonio crea una nueva relación entre Dios y su creación.

Consideremos un ejemplo para ilustrar lo anterior. En el siglo 16 el líder indígena Hatuey fue condenado a la horca por colonizadores españoles. En el momento de su ejecución, un monje preguntó al líder indígena si estaba preparado para pasar la eternidad con Dios en el cielo. El indígena respondió: «¿Quiénes van a estar en el cielo?», a lo cual el monje respondió señalando a los colonizadores que le rodeaban en su ejecución. Hatuey, con asombrosa convicción, respondió diciendo: «Prefiero estar en el infierno que estar en el mismo lugar donde ustedes (los colonizadores españoles) estén».

Hatuey, junto con su pueblo, fue objeto de las misiones. Él fue un no-evangelizado al que la iglesia quiso evangelizar. Irónicamente, a la vez que le traían el evangelio, los evangelizadores tomaron posesión de sus tierras, destruyeron su cultura, robaron sus tesoros y mataron a su pueblo. ¿Anuncia esta actividad misionera la iniciativa de Dios para salvar y liberar a su creación? ¿Anuncia esta actividad misionera algo sobre la relación entre Dios, los enviados y los indígenas? Obviamente, lo que esta actividad anuncia está muy lejos del testimonio bíblico sobre Dios.

Resumiendo, por un lado, el concepto de «misiones» está permeado por la historia de un mesianismo religioso en el que la iglesia se entiende como única propietaria y responsable de la propagación del evangelio. Por otro lado, el objeto de la propagación del evangelio son exclusivamente las personas no evangelizadas. Fuera de estos dos campos, no existe ningún concepto de «misión». Alejémonos del término «misiones» y ahora exploremos el término «misión». El término misión no excluye la evangelización a los no-evangelizados, pero sí incluye el reconocimiento de que toda actividad misionera es de Dios y que esta actividad tiene un carácter relacional entre Dios, los enviados y el mundo. En otras palabras, la misión de la iglesia es la misión de Dios; y los enviados a tal misión están en intensa relación con Dios y con el mundo. La reflexión teológica sobre este entendimiento de misión es lo que ha creado el campo de estudio conocido como *la misiología cristiana*. De ahí que este libro es un bosquejo para la misión cristiana.

El bosquejo del libro

En el primer capítulo se presentan y discuten cuatro modelos de misión que pueden ejercer una fuerza cautivadora sobre las iglesias y comunidades cristianas participando en la misión de Dios. Como pueblo evangelizado y «misionado» hemos heredado estilos y patrones de misión. ¿Son estos patrones y estilos de misión adecuados para nuestro contexto de misión? ¿Hasta qué punto estamos haciendo misión como *objetos* de la misión —imitando estilos y patrones aprendidos y heredados— y no como *sujetos* de la misión?

En el segundo capítulo se discute la siguiente definición: *Misión es la participación del pueblo de Dios en la actividad misionera de Dios en el mundo*. Además, integrando los estudios bíblicos, históricos, teológicos y misiológicos, exploraremos el legado de la Cristiandad occidental en la práctica y teología de misión, el significado de la misión como acción de Dios en el mundo, y propondremos algunos criterios teológicos para la misión cristiana en el siglo 21.

En el tercer capítulo se expone lo más reciente de la discusión sobre la misión de la iglesia y los estudios bíblicos. Las Sagradas Escrituras brindan al creyente guías útiles para la misión de la iglesia de Jesucristo. Ya no sólo «la Gran Comisión» (Mateo 28:16-20) es el texto por excelencia para reflexionar sobre la misión y la participación del pueblo de Dios en el mundo. Biblistas, exégetas y misiólogos descubren múltiples perspectivas que nutren, revisan y renuevan el entendimiento sobre la *naturaleza* de la misión y la interpretación bíblica.

El cuarto capítulo presenta las teologías de misión más comunes en el campo de la misiología en el último siglo (que en algunos círculos continúan siendo las más importantes). Estas teologías representan una reflexión teológica global, aunque en su mayoría tienen un corte de tipo occidental (Europa Occidental y los Estados Unidos). Estas teologías de misión representan, en distintos momentos históricos, fuertes debates misiológicos, divisiones entre misiólogos y organizaciones misioneras y la tensión de retener o desechar teologías y prácticas de misión heredadas en la historia. Al mismo tiempo, estos debates, divisiones y tensiones son la base del desarrollo misiológico actual y señalan el carácter complejo de la reflexión sobre la misión en la vida de la iglesia.

En el capítulo cinco ilustramos cómo la predicación —eje en la adoración y misión del pueblo evangélico— se convierte en una práctica de misión. Normalmente la predicación toma temas de misión para motivar y persuadir a la congregación a apoyar proyectos misioneros. Por otro lado, en muchas ocasiones se invita personal misionero para compartir testimonios que sirven para motivar a la congregación en la misión. Este capítulo sugiere que la predicación siempre es misional ya que es una tarea donde se integra la fe cotidiana del pueblo con la actividad de Dios en el mundo.

En el capítulo seis se explora la misiología y la educación teológica. En este capítulo proponemos cómo otras disciplinas teológicas complementan la misiología. Además, sugerimos que la misiología, como disciplina interdisciplinaria, se nutre de las ciencias sociales para poder desarrollar una misiología saludable.

El capítulo siete son las conclusiones que proveen una síntesis de lo discutido y unos breves comentarios sobre la contribución de las iglesias latinoamericanas, caribeñas y latino/hispanas a la misiología.

Al final del libro se incluye una bibliografía para que los lectores puedan obtener más información y conocimiento.

NOTAS

[1] La frase «continentes y regiones del Sur» se refiere a lo que se conocía como el Tercer Mundo, las Dos/Terceras partes del mundo o las naciones en desarrollo o subdesarrolladas.

[2] Hacemos distinción entre el término *cristianismo* y la *Cristiandad*. El *cristianismo* es la religión: el conjunto de ritos, prácticas, celebraciones, reflexiones teológicas y éticas, doctrinas e instituciones que se heredan y desarrollan cuando una comunidad acepta la religión cristiana. El término *Cristiandad* se refiere a una forma particular en la cual un conjunto de ritos, prácticas, celebraciones, reflexiones teológicas y éticas, doctrinas e instituciones se desarrollan en un territorio en particular. Es, por tanto, la fusión de elementos de la religión cristiana con la cultura occidental. Históricamente, la Cristiandad es la fusión de la fe cristiana con los valores del mundo occidental. Desafortunadamente, tal fusión, dado el poder político del mundo occidental, llevó a muchos a confundir la fe cristiana con la Cristiandad. La Cristiandad es un espacio geográfico identificado, por mucho tiempo, como espacio y territorio exclusivo de la fe cristiana. En el siglo 21, la comunidad cristiana es testigo del deterioro de la Cristiandad —la desaparición de la identidad de un espacio exclusivo como cristiano— y la globalización de la religión cristiana.

Capítulo 1
¿La cautividad de la misión?

$\mathcal{E}$l término *misión* evoca múltiples e intensos sentimientos y significados. Por un lado, evoca responsabilidad, alcance misionero, unidad, redención, conversión, diálogo, testimonio, y otras cosas más. Por otro lado, el término *misión* también trae a la memoria el colonialismo, la superioridad cultural y religiosa, el genocidio, la imposición de denominaciones y doctrinas, la dependencia y explotación. Históricamente, el término *misión* evoca situaciones contradictorias en las iglesias: intenciones benévolas con resultados desastrosos, y acciones hostiles y crueles con efectos redentores.

De muchas maneras, la misión encarna, simultáneamente, la gracia de Dios y la arrogancia e intereses humanos. ¡La misión conlleva tal ambigüedad y riesgo como el de caminar por un camino angosto con pies enormes! Desde la perspectiva de los pueblos de las regiones y continentes del Sur, la misión tiene el sabor agridulce de la esperanza que nace de una fe llena de vitalidad insertada en una historia de colonialismo, explotación y genocidio cultural: es gozo en medio de la tragedia. La misión carga la misma incertidumbre y fe que el padre del joven poseído experimenta cuando declara: «¡Creo; ayuda mi incredulidad!» (Mc. 9:24).

Dado que la misión transmite estos significados complejos y conflictivos, es necesario comenzar nuestra tarea reflexiva explorando nuestra herencia en las prácticas y teologías de la misión. Todavía más, en este capítulo discutiremos cómo nuestra herencia misionera informa y forma las prácticas y teologías de la misión de tal manera que en ocasiones seguimos actuando como *objetos* de la misión aunque tenemos un nuevo papel como *sujetos* de la misión. Nos preguntamos, ¿Estamos viviendo un cautiverio misional por afianzarnos a prácticas y teologías de misión heredadas y entendidas como únicas estrategias con un único contenido teológico? ¿Rechazamos explorar y analizar algunas prácticas misionales y teologías de misión simplemente por el hecho de que «así se hacían las cosas por los misioneros»? ¿Hasta qué punto nuestras prácticas y teologías de la misión son una imitación de las prácticas y teologías de otros grupos culturales en un momento distinto de la historia y bajo condiciones sociales muy distintas a las que enfrentamos en nuestros días como pueblo misional? ¿Cuáles son las prácticas y teologías de la misión que podemos preservar, las que podemos actualizar, las que debemos rechazar, y las que nos indican que necesitamos descubrir nuevas formas de hacer y pensar sobre la misión? Teniendo estas preguntas en mente, discutamos lo que yo llamo «modelos de misión» y evaluemos si en efecto estos modelos cautivan el trabajo misional o liberan la gestión misional de Dios en el mundo.

Los modelos de misión

Los cuatro modelos de misión aquí discutidos son una descripción de la práctica y teología de la misión en muchas de nuestras congregaciones hispanas/latinas, caribeñas y latinoamericanas. Estos modelos son una evaluación del entendimiento misional en las bases de las iglesias, no un ejercicio abstracto en la misiología de las congregaciones. Estos modelos son un mapa que traza la situación misional en muchas congregaciones, comunidades e instituciones cristianas y nos ayudan a auto-evaluar nuestra gestión misional. Como todo modelo, no son un análisis fijo, estático de la práctica y teología de la misión. Estos modelos no agotan la realidad de las congregaciones en misión. No obstante, y aun con sus limitaciones, estos modelos nos ayudan a comprender los obstáculos, las limitaciones, y los retos en las prácticas y teologías de la misión.

Por muchos años yo he sido testigo de la pasión y arrojo de nuestras comunidades en la gestión misionera. Mientras que muchas congregaciones en Europa Occidental y en los Estados Unidos experimentan lo que yo llamo el *síndrome de ambigüedad misional*[1], muchas de nuestras congregaciones experimentan el *síndrome de la herencia misionera* asumiendo que sólo los patrones de antaño —tanto teológicos como estratégicos— son válidos en la gestión misional. Este *síndrome de la herencia misionera*, aunque mantiene un espíritu misionero en las congregaciones y comunidades de fe, crea una cautividad misionera ya que vive la ilusión histórica de una Cristiandad mundial que tiene poder y control sobre las culturas, gobiernos y religiones del mundo. Todavía más, este *síndrome de la herencia misionera* incapacita y paraliza la gestión misionera cuando ésta encuentra profundas contradicciones y conflictos en el contexto de misión. Una vez que se observa que los patrones misionales heredados no funcionan en la nueva realidad histórica que vivimos, la misión en ese contexto se descarta y los esfuerzos misionales se dirigen a otros lugares.

Por ejemplo, se asigna a un grupo de misioneros para establecer congregaciones cristianas en un sector pobre del pueblo de Salvador Bahía, en Brasil. El pueblo de Bahía tiene un alto porcentaje de personas que practican la religión de los Orishas, o el Candomblé. La tarea misionera es ardua y hay tensiones muy fuertes entre los nuevos grupos cristianos y la población afro-brasileña. Por consecuencia, el crecimiento y establecimiento de las congregaciones es lento y tedioso. Con el tiempo, y con las expectativas de éxito de las instituciones auspiciantes responsables de los misioneros en relación al establecimiento de las congregaciones, estas instituciones remueven a los misioneros y los asignan a otro lugar menos conflictivo y hostil, tratando de que se puedan observar resultados concretos en la misión.

Durante la estadía de los misioneros en Bahía, éstos nunca se hacen las siguientes preguntas: ¿Qué significado tienen para esta población la fe de los Orishas? ¿Qué papel histórico tiene esta tradición religiosa en la vida de esta población y comunidad? ¿Qué factores provocan la conversión de personas de la fe de los Orishas a la fe cristiana? ¿Qué factores religiosos, políticos, sociales hacen que haya tensiones entre ambos grupos? Dado el carácter de algunos de los patrones misionales heredados, no hay posibilidad para pensar ni evaluar estas preguntas. En ocasiones, el mero hecho de preguntar es una afrenta al «orden» de la misión. Sin duda, la gestión misionera queda en un cautiverio disfrazado por expectativas misionales inadecuadas, en un aparente fracaso de los misioneros, o en una fe y espiritualidad débil para un contexto novedoso de misión.

1) El primer modelo de misión más común es *la misión como una tarea de ultramar.* Por un lado, la misión es una tarea para salvar a las comunidades paganas y sin afiliación de iglesias en los continentes de África, Asia y América Latina. Es una tarea de salvación y civilización a los pueblos incrédulos y paganos. La misión es lejana, está en otro continente, en otro país. Este modelo de misión crea una frontera clara entre el *sujeto* de la misión —el personal misionero— y el *objeto* del la misión —los paganos.

Por otro lado, el modelo de *misión como una tarea de ultramar* toma otra configuración en algunas de las tradiciones históricas protestantes (como los luteranos, los metodistas y otros similares) y en algunos grupos misionales católico romanos (como los franciscanos, los dominicos y otros). En muchas ocasiones, y bajo la cobija de «iglesias hermanas», de «misión en mutualidad», de «mutuo aprendizaje», de «proyectos misioneros cortos», y de «*partnership*», este modelo de misión continúa apoyando un aprendizaje misional a distancia que tiene muy poco impacto en la vida de las comunidades involucradas en la misión. Desafortunadamente, este modelo de misión se desarrolla dentro de una dinámica histórica y social que fortalece la polarización entre los misioneros y los misionados; los grupos con cierta ventaja económica y los grupos en pobreza; los fieles a la fe y los deficientes en la fe; y la división entre clase social, culturas y religiones. Superar esta polarización fomentada en tantas ocasiones por este modelo de vivir en «mutualidad misional» exige modificar nuestra consciencia misionera y evangélica.

Algunos resultados del modelo de *misión como una tarea de ultramar* son: (1) la incapacidad de ver nuestro contexto inmediato como contexto de misión; (2) la incapacidad de ver la interconexión e interdependencia entre los dos contextos; (3) la falta de reflexión teológica y ética con relación a la disparidad económica y social de las «iglesias hermanas»; (4) la ausencia de estructuras congregacionales e institucionales que ayuden a traducir la experiencia misionera en la vida de adoración y la vida cotidiana de la comunidad de fe; y (5) la tendencia del grupo más fuerte en la «*sociedad*» o «*partnership*» a cambiar sus intereses sin un proceso de decisión que sea justo y donde todas las partes puedan, mutuamente, terminar la relación de hermandad en salud y justicia. Sin duda, esta nueva relación de hermandad entre grupos en misión es un paso dramáticamente positivo en la tarea misional. Sin embargo, en estas estructuras hay una tendencia a fomentar la asimetría entre los grupos impidiendo aquella mutualidad que caracteriza a la iglesia como el cuerpo de Cristo en la metáfora paulina.

(2) El segundo modelo de misión es un patrón aprendido de la misiología estadounidense. Grupos misionales dirigen sus esfuerzos a «identificar y solucionar problemas» en la comunidad de misión. Este concepto y práctica misional refleja la cultura norteamericana de proveer una respuesta rápida y efectiva a situaciones inesperadas, de conflicto e incomodidad en el contexto de misión. Este modelo ve y realiza la misión como un asunto de resolver problemas. Esto es, en gran parte, una actividad administrativa y de control que tiene un barniz teológico.

Muchas de las comunidades cristianas que practican este modelo de misión asumen que sus programas contribuyen a la llegada del reino de Dios. De esta forma la misión se reduce a la comunicación del evangelio del Reino por medio del servicio a la comunidad cristiana. Así pues, la misión es un corolario del ministerio profesional dentro de la retórica del reino de Dios y el servicio cristiano. La misión es la búsqueda de soluciones a problemas, la recaudación de fondos para dar continuidad a programas, la creación de comités para discutir y proponer posibilidades de solución a problemas comunales y, por ejemplo, auspiciar una semana misionera para recaudar fondos para proyectos especiales de misión. Entonces la misión así entendida, ¡es ir al campo misionero a resolver problemas! Este modelo fomenta una estructura bi-polar de *quienes resuelven y quienes son el problema*.

A un nivel más profundo, este modelo de misión puede convertirse en un acto de imposición de la comunidad misionera de una cierta noción de orden en el contexto de misión. Este modelo se nutre de las características culturales de eficiencia y productividad del Occidente frente al «caos» de las culturas no-occidentales y pobres. Yo llamo a este modelo de misión el *modelo de eficiencia misional*.

Un ejemplo está en orden. En muchos lugares del mundo, las mujeres se reúnen en los ríos o pilas públicas a lavar sus ropas. Este lugar donde se desarrolla la tarea doméstica es también un espacio donde las mujeres pueden discutir asuntos vitales en sus vidas. Este también es un espacio de apoyo, de mutua comunicación, de protección y de resistencia local a la estructura del machismo. Construir un sistema de acueductos para llevar agua a las casas es una contribución importante a la calidad de vida de la comunidad. Sin embargo, la eficiencia del sistema de acueductos es un factor que destruye la red de relaciones que las mujeres tienen al reunirse en las pilas públicas o en el río. Lo que es eficiencia para un grupo, crea una ruptura en la red de relaciones comunitarias, particularmente las relaciones de un grupo social marginado, como son las mujeres.

El *modelo de eficiencia misional* asume que la cultura misionera viene a resolver el caos de una comunidad sin considerar que en tal gestión también crea un caos en la configuración cultural de la comunidad en el contexto de misión.

Me ha tocado escuchar argumentos que apoyan la urgencia de ayuda tecnológica y material para grupos sub-desarrollados que van por encima de involucrarse en procesos tediosos que exigen mucho tiempo y planificación. Estos argumentos han persuadido a comunidades que están en el contexto de misión a recibir ayuda y apoyo para sus comunidades. Sin embargo, no debe sorprendernos que muchas comunidades en contextos de misión no estén del todo conscientes de los efectos que estos cambios tecnológicos traen a la vida cotidiana de su comunidad. Todavía más, no debe sorprendernos que conforme pase el tiempo, la comunidad en el contexto de misión se muestre ingrata e insatisfecha al tener que enfrentar otros problemas de índole tecnológico para los cuales no hay solución local, sino que ahora tengan la necesidad de que otro *grupo misional eficiente* resuelva ese nuevo problema.

Quiero resaltar, no obstante, que los problemas del *modelo de eficiencia misional* no son intrínsecos a los proyectos de desarrollo, sino a la ausencia de consciencia sobre los cambios que producen la tecnología y el desarrollo —por más sencillos que sean— a un contexto de misión en particular.

(3) El tercer modelo de misión está asociado con la fórmula misional que se dio en círculos protestantes y en personas de la talla del misiólogo alemán Gustav Warneck y el líder metodista John R. Mott del siglo 19 y principios del siglo 20. Esta fórmula misional es una combinación de «evangelismo global», educación cristiana y civilización occidental[2]. Esta fórmula misional llevó al uso indiscriminado del término «misiones», discutido en la introducción, y por consecuencia, el término «misiones» evoca distintos significados. Por ejemplo, «misiones» son: (1) el envío de misioneros a un territorio pagano; (2) las actividades que esos misioneros ejecutan; (3) la agencia que auspicia a esos misioneros; y (4) el mundo no-cristiano, el territorio de «misiones», o la estación de «misiones». El término «misiones» también alude a la expansión del reino de Dios, la conversión de los paganos y el establecimiento de nuevas congregaciones.

Es muy común encontrar en estos significados una fuerza que motiva la involucración de las congregaciones en la misión. Tal fuerza de motivación viene por una contradicción en nuestra herencia misional, algo que Orlando Costas llamó «el juego o intercambio entre el movimiento misionero americano y el imperialismo americano».[3] Este juego no pertenece a nuestra historia, ya que nuestros pueblos carecen de las estructuras sociales, económicas y políticas para ejercer un imperialismo en esta época. Sin embargo, nuestra retórica y práctica misional tienen una profunda afinidad con la retórica y prácticas misionales americanas y/o europeas. En ocasiones esta fuerza de motivación, que para muchas congregaciones euro-americanas viene de la nostalgia por recuperar el poder y el control religioso, no tiene una base cultural ni bíblica en nuestro contexto misional. Sin embargo, en la gestión misionera exportamos el sueño norteamericano, la expresión de la fe euro-americana y la concepción del orden social occidental. En gran manera ésta es la aceptación ingenua y acrítica del proyecto misionero euro-americano. Es tener la mentalidad de ser el *objeto* de la misión, con la responsabilidad de ser *sujetos* de la misión. Yo llamo a este modelo misional el *modelo de la falsa consciencia misional*.

La pasión y convicción misional en este modelo es impresionante. Por un lado, posiblemente esto es testimonio al éxito en la transmisión de los valores euro-americanos (noten que no indiqué a los valores del evangelio) y, por otro, al impacto socio-sicológico del colonialismo en nuestra consciencia religiosa. El *modelo de la falsa consciencia misional* tiene una visión romántica de la gloria y los triunfos de la Cristiandad occidental. Su espíritu misionero se nutre del mesianismo religioso que tanto ha determinado la práctica y teología misional en los Estados Unidos —un pueblo elegido para una tarea divina— y un sentido de superioridad religiosa y cultural que incapacita al agente de la misión a ver lo bueno en otras culturas y religiones.

Cualquier crítica a este modelo misional a menudo se asume como una afrenta o rechazo a la fe cristiana. En muchas congregaciones e instituciones de misión el rechazo a esta fórmula misional es un rechazo a la fe, es una herejía. Según ellos, la pasión y la fe de quienes practican y tienen la teología del *modelo de falsa consciencia misional* son indicadores de la fidelidad al evangelio. Entonces, no aceptar o no suscribirse a los criterios de este modelo de misión será un signo de infidelidad y de atropello a la integridad misional de la fe cristiana. En otras palabras, uno es agente de misión solamente si hace y piensa sobre la misión de acuerdo al *modelo de falsa consciencia misional.*

A principio de la década de 1970, este modelo heredado sufrió una crisis. Muchas de nuestras iglesias, denominaciones e instituciones misionales en las regiones y continentes del Sur, incluyendo a América Latina y el Caribe, levantaron una voz profética para denunciar los patrones imperialistas y colonialistas en las gestiones misioneras del Occidente. Durante esta década, se crea una moratoria en la actividad misionera de muchos grupos protestantes y se desarrolla una actitud crítica al estudio de las estrategias y teologías de la misión entre los cristianos en las tierras no-cristianas. Por otro lado, grupos de carácter evangélico, pentecostales e independientes retoman la tarea misional, pero con la ausencia de una evaluación crítica. Desafortunadamente, el evangelio continúa siendo transmitido con valores occidentales que marcan profundamente la consciencia de los cristianos en el contexto de misión. Sin embargo, el espíritu misionero en grupos cristianos no-occidentales crece con gran vitalidad. Progresivamente, se van creando distintos polos aun entre los grupos cristianos no-occidentales y se sufren muchas divisiones teológicas y estratégicas en relación a la misión. No será sino hasta finales de la década de 1990 que se verá el comienzo de nuevos proyectos entre cristianos no-occidentales de distintas tradiciones cristianas. Muchos de estos proyectos son una desintoxicación del evangelio transmitido y una re-orientación a la contextualización del evangelio en tierra no-occidental. Poco a poco el *modelo de la falsa consciencia misional* sufre cambios que lo harán ser más contextual, y cada vez menos una copia ingenua de prácticas y teologías misioneras occidentales.

4) Al último modelo misional lo llamo el *modelo de la confusión misional*. Parte de la herencia misional occidental en nuestro contexto es la apatía al trabajo misional. Con la carga negativa de la experiencia misional colonialista, con las frustraciones en el campo misionero, con la ausencia de modelos y teorías a tono con la realidad actual y con las falsas expectativas que se crean en la tarea misionera sin conocer la complejidad envuelta en tal gestión, en muchas de nuestras comunidades de fe hay una tendencia a responder con (1) indiferencia teológica a la tarea misional; (2) apatía y distanciamiento por el estigma que trae la historia de las misiones a la comunidad más amplia; (3) miedo y confusión ante la metamorfosis de la experiencia religiosa; y (4) permisividad a todo lo religioso perdiendo sentido de orientación y autoridad para discernir lo bueno y lo malo en la gestión misionera.

El *modelo de la confusión misional* es como un «sí» de palabra a la responsabilidad misionera acompañada por un «¿qué sé yo?» en la práctica y teología de la misión. Parece ser que el espíritu misionero está presente, pero hay un gran vacío en la reflexión y acción misional concreta. Esto lleva a comunidades cristianas a «dar palos a ciegas» en su gestión misional, o a guardar silencio y a no participar en el desarrollo y la dinámica de la comunidad más amplia, aislando a la comunidad de fe de la realidad y, sobre todo, de la acción de Dios en el mundo.

Todos estos modelos de misión tienen varios elementos en común. Históricamente, todos emergen del espíritu del Movimiento Misionero Mundial (protestante/evangélico) o del Concilio Vaticano Segundo (católico romano). Estos modelos o están intrínsecamente ligados a estos movimientos y eventos en la historia de la fe cristiana o de alguna manera se derivan de ellos.

Por tanto, tienen en común, (1) la urgencia de compartir el evangelio al mundo y (2) el sueño de un mundo cristiano y desarrollado. Por otro lado, como derivados de los eventos ya mencionados arriba también comparten (1) un nivel de aceptación al proceso de contextualización del evangelio en el contexto misional y (2) un nivel de consciencia sobre el impacto de los enormes cambios que se avecinan en el siglo 21.

Todavía más, la contextualización del evangelio por no-occidentales[4] ha creado una ruptura y, por tanto, una nueva oportunidad para redescubrir el significado de la misión de Dios en el mundo. Mientras que para muchos occidentales esta contextualización ha creado un *desplazamiento teológico y misional*[5], para los no-occidentales, como nuestro pueblo hispano/latino, caribeño y latinoamericano, el espacio creado por *nuestra* contextualización del evangelio ha puesto de manifiesto la vitalidad de nuestra fe cristiana en la medida que ésta interactúa con nuestra vida cotidiana. Afortunadamente, hay algunos misiólogos occidentales que ven este *desplazamiento teológico y misional* como una oportunidad para crecer en la fe y descubrir nuevas formas de relaciones inter-culturales e inter-religiosas.

Estos modelos también tienen en común el choque histórico entre la expectativa cristiana occidental de un mundo perfecto y desarrollado, con la realidad de un mundo en guerra y conflicto. Las comunidades cristianas de hoy tienen el reto de reflexionar sobre el sufrimiento derivado de dos guerras mundiales, revoluciones y conflictos étnico-raciales, el nacimiento y la lucha de nuevas naciones, el aumento en las migraciones a las grandes urbes, la revitalización de religiones no-occidentales y sus expresiones fundamentalistas, la disparidad entre el mundo desarrollado y el subdesarrollado, el crecimiento en la pobreza, particularmente entre las mujeres y la niñez, y el deterioro del medio ambiente.

Estos modelos misionales tienden a pasar por alto la complejidad socio-cultural de la globalización y los retos que esta complejidad trae a la misión de la comunidad de fe. Estos modelos se han quedado cortos para ayudarnos a desarrollar prácticas y teologías de la misión que respondan a esta nueva realidad. Es lamentable que en muchas ocasiones estos modelos misionales mantienen en cautiverio la vitalidad de la fe para responder con integridad y creatividad a los retos misionales del siglo 21. Es todavía más lamentable cuando las comunidades cristianas prefieren la certeza de los modelos heredados a ver en los retos misionales de este siglo la oportunidad del Espíritu de Dios para ser liberados del cautiverio misional y tomar las riendas para ser co-partícipes, *sujetos*, en la misión de Dios en este mundo.

Además, estos modelos misionales también pasan por alto la realidad transcultural de la misión de Dios en nuestros tiempos. Estos modelos tienden a enfocar la eficiencia por la transformación, la feligresía y estilos de vida por la conversión y el discipulado, el aislamiento de la realidad por la responsabilidad cristiana y la participación en procesos complejos en la sociedad, y la trivialidad religiosa por el arraigo evangélico y la aventura espiritual. Cuando enfocamos nuestra gestión misional en los propósitos de los modelos, entonces el resultado puede ser devastador: el discernimiento y la liberación son substituidos por la eficiencia; la vida y nueva fe están limitados por los patrones nostálgicos y una falsa consciencia misional; el arrepentimiento se substituye por la negación de la realidad; el diálogo, influenciado por el miedo, culmina en el aislamiento y el fundamentalismo; y los buenos modales se confunden con la reconciliación en situaciones de conflicto. Nuestras comunidades de fe y la realidad global son tan complejas que es difícil, pero urgente, descubrir que la misión de Dios, la *missio Dei*, va más allá de la misión de ultramar, la administración eficiente, la herencia misional como única herramienta para la tarea misional y la confusión misionera dado el mundo en que vivimos.

Finalmente, estos modelos también son el resultado de una indiferencia teológica y académica por parte de instituciones de educación teológica y denominaciones cristianas respecto al tema de la misión. La misión de la iglesia se ha desarrollado con el imperativo de cumplir la «Gran Comisión» sin mayor reflexión teológica. «Hacer discípulos en todas las naciones» se concibe como una gestión sencilla y unilateral. Todavía más, la tarea misional se ha desligado de la vida congregacional y es más bien un apéndice de actividades *extra-eclesia* que llenan el vacío programático de congregaciones caritativas con intereses turísticos.

Si estos modelos, en efecto, reflejan las prácticas y teologías de misión en muchas de nuestras comunidades de fe, tenemos que preguntarnos lo siguiente: (1) ¿Qué debemos hacer para modificar nuestra práctica de misión?; (2) ¿Podemos ser liberados de esta cautividad misional y descubrir una manera saludable de romper con los patrones heredados de misión?; y (3) ¿Cómo juzgamos las prácticas y teologías de misión que son saludables para nuestro siglo?

La misiología, como una disciplina teológica y práctica, comienza a proveer tendencias, ideas y propuestas que pueden ayudar a nuestras comunidades de fe a insertarse en la misión de Dios. La misiología reclama el carácter teológico de la misión y el carácter misional de la teología. La misiología, con un espíritu académico interdisciplinario, busca señalar la dirección hacia donde sopla el viento del Espíritu de Dios en este mundo creado y amado por Dios.

En el próximo capítulo discutiremos algunos de los asuntos más importantes en relación a la misión cristiana. Discutiremos el legado de la Cristiandad en la práctica y teología de la misión y proveeremos una definición para la misión cristiana que ayude a nuestra reflexión teológica actual.

NOTAS

[1] La incapacidad para discernir la misión en un nuevo contexto que resulta en un estancamiento misional, una propuesta misional imperialista, una misión diluida y un rechazo a la misión. Para una explicación sobre este síndrome, véase *Mission: An Essential Guide* (Nashville, Abingdon Press, 2002) pp.19-29.

[2] Hay una discusión más amplia de esta fórmula misional en el capítulo dos.

[3] Orlando Costas, *Christ Outside the Gate* (Maryknoll: Orbis), pp. 80-81.

[4] Por no-occidentales me refiero a personas que no son oriundas de lo que fueron conocidas como «las tierras cristianas» (EE.UU. y Europa Occidental) y los grupos culturales de estas regiones en los Estados Unidos y Europa Occidental.

[5] Véase *Mission: An Essential Guide*, pp. 27-29.

Capítulo 2
Misión en la Cristiandad: Herencia y novedad en la teología y práctica de misión

$\mathcal{L}$a misión cristiana es un fenómeno que cambia. La teología y las estrategias de misión han cambiado a través del tiempo. Dios siempre tiene sorpresas para su pueblo y es la responsabilidad del pueblo de Dios discernir los cambios y las nuevas direcciones de la misión.

En este capítulo discutiremos más a fondo el significado del término misión desde el principio de la Cristiandad hasta mediados del siglo 20, e identificaremos algunos de los principios estratégicos y teológicos que informaron la práctica y teología de la misión. Algunos de estos principios han permanecido fuertes hasta nuestros días; mientras que otros permanecen, pero con poca vigencia; unos más no cumplen con la veracidad del evangelio y obstruyen el trabajo misionero; y otros son completamente obsoletos. Lo importante es reconocer que el significado y la práctica de la misión ha cambiado a lo largo de la historia y que el pueblo de Dios ha heredado las teologías y prácticas de misión que se han dado a través del tiempo. Pero, como los tiempos cambian, también la teología y las prácticas de misión cambian.

Así que en seguida estudiaremos la concepción tradicional de la misión cristiana. Luego ampliaremos los comentarios hechos en la introducción y de forma detallada señalaremos algunos de los más recientes cambios en la teología y práctica de la misión y sus implicaciones para la iglesia.

Concepción de la misión cristiana en la Cristiandad

La Cristiandad católica y la misión

La Cristiandad se ha prolongado desde el Imperio Romano hasta finales del siglo 20. La Cristiandad es la fusión de una estructura política con la religión cristiana y tiene sus orígenes cuando el emperador Constantino apoyó al cristianismo por sobre las otras religiones del Imperio Romano en el siglo 4. En su monumental obra *Historia de la Iglesia*, el historiador cristiano Eusebio de Cesarea considera la integración del orden político del Imperio Romano con la religión cristiana como *el* momento cumbre en la historia del cristianismo, el cumplimiento del reino de Dios en la tierra.

Una de las consecuencias de la Cristiandad fue identificar una región geográfica, en el caso del siglo 4 al Imperio Romano, con la religión del cristianismo. Al paso del tiempo, los habitantes del Imperio Romano eran parte de la Cristiandad y por tanto, cristianos. Las fronteras geográficas no sólo dividían los reinos, sino también la lealtad e identidad religiosa. Aquellos grupos, y posteriormente naciones, que estaban fuera de las fronteras del Imperio o de la Cristiandad, eran no-cristianos y, por tanto, objeto del trabajo misionero de la iglesia. De aquí surge entonces una de las concepciones de misión que más ha influido la vida de la iglesia: misión es la evangelización de los pueblos que no pertenecen a la Cristiandad.

Esta concepción de misión ha formado e informado la actividad misionera hasta nuestros días. Algunas de las implicaciones teológicas y prácticas de la relación entre la Cristiandad y la misión son:

1) *La misión es la actividad de la iglesia;*
2) *La misión de la iglesia es una actividad cuyo propósito es expandir la fe cristiana fuera de las fronteras de la Cristiandad;*
3) *Dicha misión es una actividad uni-direccional, desde «la Cristiandad o el centro» hacia «fuera del la Cristiandad», en el territorio no-cristiano.*
4) *Esta actividad misionera conlleva la proclamación del evangelio, la conversión de los no-cristianos, y la implantación del orden político, cultural y religioso de la Cristiandad.*
5) *Este territorio no-cristiano es el lugar para la acción misionera. Dentro de la Cristiandad existen ministerios; fuera de la Cristiandad existen «misiones».*

Veamos en detalle las consecuencias de estas implicaciones. Primero, cuando consideramos que *la misión es actividad de la iglesia*, este principio ubica la responsabilidad misionera en la institución de la iglesia. La iglesia ha recibido, como parte de la Cristiandad, la responsabilidad de proteger a la fe cristiana y sus estructuras políticas. La iglesia conoce el evangelio y ahora le toca comunicarlo para que sea conocido y aceptado. Dios dio el evangelio, la iglesia lo anuncia y lo implanta.

Segundo, cuando *la misión de la iglesia es una actividad cuyo propósito es expandir la fe cristiana fuera de las fronteras de la Cristiandad*, entonces la misión se concibe principalmente como una actividad de expansión de la Cristiandad. Se cruzan fronteras geográficas y culturales con el propósito de que la fe cristiana se expanda a «nuevos» grupos no-cristianos, y así ganando no sólo seguidores sino también nuevas regiones geográficas. Aun en los casos en que la Cristiandad había perdido poder político y su futuro estaba en peligro, el trabajo misionero siempre consistía en la expansión de la fe cristiana y, por consecuencia, en el intento de recobrar el terreno y poder político perdido.

Tercero, cuando *dicha misión es una actividad uni-direccional, desde «la Cristiandad o el centro» hacia «fuera de la Cristiandad», en el territorio no-cristiano*, entonces la misión de la iglesia —cuyo propósito es expandir la fe y la Cristiandad— nace, se desarrolla y se completa desde la Cristiandad. Todos los por menores (y los por mayores) de la misión, las motivaciones para la expansión de la fe, las estrategias misioneras, el establecimiento de las iglesias, los estatutos que dictan la forma en que los pueblos convertidos deben conducirse y las estructuras del orden de la iglesia y del orden político, *ya están determinados* por la Cristiandad. La Cristiandad es promotora, ejecutadora, árbitro y consumadora de la misión cristiana.

Cuarto, cuando *esta actividad misionera conlleva la proclamación del evangelio, la conversión de los no-cristianos, y la implantación del orden político, cultural y religioso de la Cristiandad,* entonces el *contenido* de la actividad misionera tiene dos sencillas dimensiones, pero difíciles de lograr. La primera, es que la misión de la Cristiandad consiste en la proclamación y anuncio del evangelio para lograr que los no-cristianos se conviertan al cristianismo. Los métodos para lograr la conversión de los no-cristianos cambian durante el curso de la historia de las «misiones»; sin embargo, el propósito siguió siendo el mismo. La segunda, es que la conversión de los no-cristianos va mano a mano con la implantación del orden político, cultural y religioso de la Cristiandad. Por tanto, ¡La misión consiste en establecer la Cristiandad en el territorio no-cristiano!

En la actualidad —y particularmente entre protestantes, evangélicos y pentecostales— la misión se concibe, especialmente la evangelización en masa, como una actividad para anunciar el evangelio de Jesucristo esperando que las personas confiesen esa fe en Jesucristo. Una vez que aceptan el mensaje, se les recomienda que asistan a una iglesia evangélica. Esta estrategia misionera no era posible antes del siglo 18 en la iglesia del Occidente, especialmente porque en el territorio no-cristiano no había otras congregaciones cristianas. Por tanto, la misión era, a la vez, tanto el anuncio del evangelio como la implantación de la Cristiandad, y dígase que también era establecer iglesias.

Quinto, si *este territorio no-cristiano es el lugar de la acción misionera, entonces dentro de la Cristiandad existen ministerios y fuera de la Cristiandad existen «misiones».* En la introducción nos referimos al término «misiones» *como la actividad que realiza la iglesia para comunicar el evangelio a los no-evangelizados.* Por lo tanto las «misiones», un término que evoca actividad misionera, están limitadas a los territorios no-cristianos, o que tienen una Cristiandad nominal (como lo veremos más adelante). La actividad de la fe, la vida de la iglesia, las ordenanzas o sacramentos, las prácticas congregacionales dentro de la Cristiandad o de una congregación son «ministerios». Las «misiones» son para los no-cristianos en territorios no-cristianos. Esto implica que la iglesia no necesita de la misión, que la iglesia no es objeto de misión, sino sólo protagonista , sólo sujeto en la misión.

La Cristiandad protestante y la crisis de la Cristiandad

Como ya lo indiqué arriba, la Cristiandad ha cambiado a través de la historia. Sin embargo, su legado no entra en crisis hasta mediados del siglo 20. Esto significa que, para un número significativo de cristianos, la Cristiandad, sin importar la estructura que tenga, todavía existe.

El movimiento misionero protestante del siglo 19 tenía como estructura de apoyo la Cristiandad protestante. Esta Cristiandad protestante, que algunos historiadores consideran que comienza en el siglo 17, es la fusión entre la fe cristiana —en su versión protestante y evangélica— y los valores del mundo moderno. No hay duda que distintos grupos protestantes tienen distintos niveles de fusión con y aceptación de los valores del mundo moderno. Sin embargo, la compatibilidad entre las distintas ramas del protestantismo y el mundo moderno es real.

La Cristiandad protestante concebía la misión como de evangelización (conversión de los paganos al cristianismo protestante) y civilización (establecer los valores y estilos de vida del mundo occidental, protestante y cristiano en tierras no cristianas). Las implicaciones y consecuencias de esta forma de concebir la misión, y que ya antes mencionamos, son igualmente pertinentes para la Cristiandad protestante y su misión.

En los Estados Unidos y Europa Occidental, la Cristiandad occidental —tanto la católica como la protestante— está en crisis. Las estructuras que garantizaban la estabilidad y prestigio de las denominaciones han ido desapareciendo. Las iglesias ya no tienen el mismo atractivo, y la población cristiana no tiene las mismas lealtades que existían hace treinta años. Nuevas ofertas culturales y una nueva concepción del orden del mundo ahora cuestionan el orden de la Cristiandad occidental, incluso aquella que es más compatible con —y contribuyeron a— los valores del mundo moderno.

Otros factores que contribuyen a la crisis de la Cristiandad occidental son el pluralismo religioso, la erosión de la autoridad tradicional, la reducción del poder del estado, la actividad misionera de otras religiones, la diversidad cultural y étnica, y la sospecha sobre instituciones tradicionales como el estado, el gobierno y la iglesia. Para mucha gente estos factores señalan una crisis en la fe cristiana, en las estructuras de la iglesia, y en los valores tradicionales. Apuntan a la pérdida del lugar privilegiado del cristianismo frente a otras religiones; de la posición del hombre frente a los reclamos de la mujer; de los grupos étnicos dominantes frente a los grupos minoritarios e indígenas; del progreso frente al subdesarrollo; de lo absoluto frente al relativismo, y de los ricos frente a los pobres.

Para el pueblo hispano-latino y latinoamericano, la Cristiandad occidental también está en crisis. La Cristiandad católica romana está en crisis tratando de definir y luchar por su legitimidad frente al pueblo. Hay misiólogos hispano-latinos que continúan asumiendo ciertos valores y estructuras que son características de la Cristiandad romana y, al mismo tiempo, están proponiendo nuevas avenidas de trabajo misional que no son del todo compatibles con esta Cristiandad. En América Latina el Concilio Episcopal Latinoamericano (CELAM) sigue discutiendo el significado de la «Nueva Evangelización» como una estrategia para preservar la Cristiandad y los valores de la fe cristiana sin perder su inercia en el mundo contemporáneo.

Entre protestantes, evangélicos y pentecostales existe una cierta ambigüedad ya que, por un lado, hemos sido disidentes de la Cristiandad católica y por otro lado aprobamos muchos de los valores de la Cristiandad protestante: la idea del progreso, la individualidad, y otros más. Hasta cierto punto, y sin importar el nivel de aceptación o rechazo de la Cristiandad protestante, los cristianos no-católicos continuamos practicando la misión dentro del esquema de la Cristiandad occidental: evangelizamos a los no-evangelizados, evangelizamos a los cristianos nominales (católico-romanos o evangélicos) y evangelizamos a los cristianos cuyas prácticas se identifican con un nivel de «paganismo», para incorporarlos a una micro-Cristiandad —un tipo de civilización comunal— en nuestras estructuras congregacionales y denominacionales. La misión continúa siendo una actividad de una sola vía que va de la ignorancia a la civilización, de lo no-cristiano a lo cristiano y del mundo a la iglesia.

La herencia misionera protestante y evangélica

Antes ya indiqué que las implicaciones y consecuencias de la Cristiandad católica para la misión también se aplican a la Cristiandad protestante. Sin embargo, la práctica de la misión en los círculos protestantes y evangélicos es distinta a la del Catolicismo Romano y la tradición Ortodoxa. Para los propósitos de esta sección, presentaremos dos temas teológicos de la herencia misionera protestante y evangélica que de manera marcada influyen sobre el papel de las congregaciones en las «misiones» hoy.

El primero es el de la *misión y salvación*. La herencia misionera protestante y evangélica interpreta la salvación como **un** regalo de Dios que se otorga en **un** momento de la vida, es decir, en la conversión. Así pues, toda referencia teológica y bíblica sobre la salvación se reduce a dos momentos; el primero es la muerte y resurrección de Jesucristo como el único evento de salvación y revelación universal; el segundo es la experiencia de conversión, el momento en que la revelación de Dios en Jesucristo es dada a un ser humano en un momento particular. La teología de Karl Barth, particularmente la interpretación de Barth hecha en los Estados Unidos y entre la tradición evangélica latinoamericana, ha influido el desarrollo de esta teología de la salvación.

A continuación señalamos los principios teológicos que informan esta teología de salvación que tanto influye en la práctica de las «misiones».

1) *La salvación es don de Dios.* La salvación, los beneficios de la muerte y resurrección de Jesús, sólo viene de Dios. No hay gestión que logre la salvación. Así que suponer que la salvación se puede alcanzar por actividad humana señala el carácter pecaminoso de dicha actividad. La salvación es la revelación de Dios en Jesucristo y por tanto sólo es otorgada por Dios.

2) *La salvación es tangencial a la historia de la humanidad.* De acuerdo con esto, la salvación o revelación de Dios en Jesucristo se da en la historia, pero está fuera de la historia. La siguiente metáfora puede comunicar el carácter histórico de la salvación: «Como una tangente toca un círculo, sin tocarlo, así también la revelación de Dios en Jesucristo toca la historia, sin

tocarla». La salvación sucede en la historia, pero sus efectos están más allá de la historia. Lo importante, por tanto, es la «salvación del alma».

3) *La salvación en Jesucristo marca una discontinuidad con el mundo.* La fe cristiana *sólo* tiene un punto de comienzo y un punto final, la revelación de Dios en Jesucristo en la cruz del Calvario. Una vez que el ser humano recibe la revelación y acepta la salvación en Jesucristo, se da una ruptura con el mundo y el pecado. La revelación está en absoluta discontinuidad con el mundo, con las religiones y con toda actividad humana que pretenda buscar la salvación o la verdad por sí mismas.

4) *La iglesia es la comunidad de «pecadores redimidos» que, aunque están en el mundo, no son del mundo.* La iglesia de Jesucristo es la que tiene la revelación y conoce la verdad. Aunque está en el mundo y, por tanto sometida a tentaciones y pecado, sin embargo, por tener la revelación de Dios, también tiene la oportunidad de arrepentirse convirtiéndose en una comunidad de «pecadores redimidos» y continuar anunciando el evangelio.

5) *La iglesia es la responsable de anunciar la verdad de la revelación de Dios en Jesucristo, de proclamar el evangelio para la conversión de todos los seres humanos.* Puesto que a la iglesia se le ha dado a conocer «este misterio de salvación», la iglesia es, por tanto, la protagonista en la actividad misionera.

Esta actividad misionera está ligada al regreso de Cristo de dos diferentes maneras. Primero, al predicar el evangelio por todos los rincones de la tierra se cumple con el requisito para que ocurra el regreso de Cristo. Segundo, la urgencia de predicar el evangelio nace de ese retorno de Cristo: predicamos para que cuando ocurra ese retorno muchos sean salvos por Jesucristo.

Segundo, la *misión y civilización*. La herencia misionera protestante y evangélica asume la responsabilidad de «dar una nueva programación cultural» a los evangelizados. Es evidente la relación entre «misiones» y «civilización» cuando observamos que el trabajo misionero va acompañado por una tarea educativa cuyo propósito es crear una ética protestante en determinado contexto. Este ha sido el caso del trabajo misionero protestante y evangélico en América Latina y el Caribe. Las agencias y juntas misioneras invirtieron grandes esfuerzos en el trabajo evangelístico y educativo con el propósito de cambiar los estilos de vida de los evangelizados.

A continuación señalamos algunas de las implicaciones de la relación que se da entre *misión y civilización* en el territorio misionero.

1) *La cultura o contexto en donde se tienen las «misiones» se concibe como atrasada, en el mejor de los casos; y «pagana» o «diabólica», en el peor de ellos.* Cuando la cultura del territorio misionero se percibe como atrasada, entonces se establece una desigualdad entre los agentes de misión y el pueblo del territorio misionero, porque existe una tendencia a considerar superior la cultura de los agentes misioneros. Cuando la cultura se concibe como «pagana» o «diabólica», entonces la tarea misionera consiste en arrancar de esa cultura a los evangelizados. En ambos casos, es muy común asumir que las culturas no evangelizadas explican el «retraso» cultural, la «superstición» y el «estancamiento» del progreso.

2) *Al nuevo converso se le exige una discontinuidad con su cultura.* Se espera que el nuevo converso, al aceptar la fe cristiana, haga una ruptura con el estilo de vida, con prácticas culturales y religiosas, y los patrones de conducta de la sociedad en que vive. Así que el mejor testimonio de salvación es la discontinuidad radical con su cultura.

3) *La nueva cultura «protestante o evangélica» sustituye la cultura del nuevo converso.* Los proyectos de educación, que acompañan a los programas de evangelización, y misiones, tienen el propósito de llenar el vacío cultural que queda cuando el nuevo converso comienza a separarse de su cultura «pagana» o «pecaminosa». Hay un proceso de civilización por el que se le enseña al nuevo converso los patrones de conducta de la nueva fe cristiana. Normalmente estos nuevos patrones son antagónicos a los patrones normativos de su cultura. Esto coloca a la «cultura protestante o evangélica» en confrontación directa con la cultura «pagana» o no cristiana.

4) *La nueva cultura «protestante o evangélica» es la cultura de la Cristiandad occidental.* Es muy común que el cuerpo de misioneros, que adiestran a los nuevos conversos, asuman que la cultura «protestante o evangélica» surge de la Biblia. Sin embargo, hoy sabemos que la cultura «protestante o evangélica» que enseñan los misioneros responde a los valores culturales de la Cristiandad occidental. En muchos casos, lo que la educación intenta hacer es crear «copias fotostáticas» de los patrones culturales que caracterizan a la Cristiandad protestante y occidental.

5) *Debido a la erosión de la Cristiandad occidental la cultura «protestante o evangélica» que se transmite es normalmente la cultura de los misioneros,*

la cultura denominacional y/o la cultura de la agencia o junta misionera. Los nuevos grupos involucrados en «misiones» ahora ya no pertenecen a lo que se conocía como las «naciones cristianas»: Estados Unidos, Inglaterra, Alemania, Holanda, y otros, sino que ahora más bien provienen de países del llamado Tercer Mundo, como Brasil, Corea y la India. Por tanto, la cultura que se transmite como «civilización protestante o evangélica» en la misión, aunque tiene una gran influencia occidental, está filtrada a través de las culturas a las que pertenecen los nuevos agentes de «misiones», o a través de las culturas de las denominaciones a las cuales pertenecen.

A manera de resumen

Podemos observar que las consecuencias descritas arriba en relación a la Cristiandad y la misión son compatibles con la herencia misionera protestante y evangélica. Por ejemplo, *(1) la misión es la actividad de la iglesia; (2) la misión de la iglesia es una actividad cuyo propósito es expandir la fe cristiana fuera de las fronteras de la Cristiandad; (3) dicha misión es una actividad uni-direccional: desde «la Cristiandad o el centro» hacia «fuera del la Cristiandad» en el territorio no-cristiano; (4) esta actividad misionera conlleva la proclamación del evangelio, la conversión de los no-cristianos, y la implementación del orden político, cultural y religioso de la Cristiandad; (5) este territorio no-cristiano es el lugar de la acción misionera.* Aunque parece que la herencia misionera protestante y evangélica está más preocupada por la salvación de las almas dado su enfoque particular en la teología de la salvación, en lo práctico la actividad misionera asume ciertos principios comunes para todo tipo de «misiones» cristianas, sean católicas o protestantes. Estos principios son:

1) *La iglesia es la beneficiaria de la gracia otorgada en la muerte y resurrección de Jesucristo.* Ella reclama «conocer» la salvación, por ser la que conoce la acción salvífica de Dios en Jesucristo.

2) *La iglesia se concibe como iniciadora y responsable de la actividad misionera.* Dios ha hecho su parte; le toca a la iglesia cumplir con la «Gran Comisión» (Mateo 28:16-20) bautizando y haciendo discípulos a todas las naciones.

3) *Se entiende a la iglesia como la* **institución de salvación.** La frase de Cipriano, «fuera de la iglesia no hay salvación» indica este entendimiento misional y eclesial. Aceptar que la iglesia es la institución de salvación desarrolla una teología de misión o misiología en donde la protagonista de toda actividad misionera es la institución. Y aunque se hacen distinciones teóricas entre la iglesia como una institución de salvación de parte de Dios y la iglesia como institución de salvación, la historia de las misiones señala que hay una fuerte tendencia a jugar el papel de Dios en la gestión misionera. En este protagonismo eclesial la actividad de Dios es realmente secundaria. La salvación ha sido dada en Jesucristo, y aunque la responsabilidad de la iglesia es comunicar y anunciar el evangelio, es la iglesia quien tradicionalmente ha «decidido» cómo administrar la economía de la salvación.

4) *Toda actividad misionera es dirigida hacia «los paganos, grupos no evangelizados, o grupos cristianos en necesidad de renovación»; es decir, es uni-direccional.* La misión entonces, es la expansión del cristianismo y sus estructuras a lugares no cristianos. Y si se realiza la misión en lugares ya cristianos, esto se hace buscando la renovación de la iglesia o la corrección de un «cristianismo corrupto» en ese territorio misionero. ¡Así que la misión sólo tiene una dirección!

5) *La misión también conlleva la transmisión de valores culturales «cristianos», normalmente opuestos a los valores culturales del territorio misionero.* En la historia de las misiones, esta transmisión de los valores cristianos era más bien la de los valores, las estructuras y los patrones de significado de la Cristiandad, fuera ésta la católica o la protestante. Hoy, ante la erosión de la Cristiandad occidental, los valores que se transmiten son el legado de la Cristiandad encarnado en los valores culturales que pertenecen a los agentes de misión, a las denominaciones de los agentes de misión, o a la forma en que las agencias o juntas misioneras conciben los valores cristianos.

Como ya lo indiqué antes, la Cristiandad está en crisis. Dada la relación entre la Cristiandad y la misión, se avecina una crisis en la teología de la misión cristiana. La misión no puede seguir siendo dirigida bajo los principios teológicos y misionales que hemos discutido. En este tiempo, el pueblo cristiano en las «misiones», es decir, los cristianos en los países considerados como territorios no-cristianos, ha contribuido con nuevas perspectivas a la teología de la misión cristiana. A continuación presentamos algunas de estas perspectivas, algunos enfoques nuevos que nos ayudarán a crear una actividad misionera centrada en Dios, el agente de misión por excelencia.

Novedad en la teología de la misión

«La misión es para la iglesia
lo que la combustión es para el fuego»

Anteriormente citamos las palabras del teólogo Emil Brunner, «la misión es para la iglesia lo que la combustión es para el fuego». Esta frase comunica que no hay iglesia sin misión.

Diagrama #1

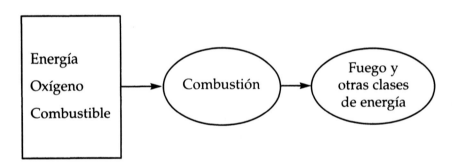

La combustión es una reacción química que produce energía. Para que esta reacción química ocurra es necesario que haya oxígeno, combustible (madera, gas, u otros elementos que reaccionen con el oxígeno) y una fuente de energía —una «chispa»— que inicie la reacción química entre los elementos. No hay combustión sin la reacción entre estos dos elementos y la energía, y no hay fuego sin combustión.

Así como no hay fuego sin combustión y no hay combustión sin la reacción química entre los elementos arriba mencionados, así tampoco hay iglesia sin misión y no hay misión sin la actividad del

Dios Trino. Dicho de otra manera, el Dios Trino inicia y participa en su misión y la misión del Dios Trino crea a la iglesia y otras expresiones de la misión de Dios. No hay misión sin la actividad de Dios. La misión y la iglesia dependen de Dios, tal como la combustión y el fuego dependen de la reacción química entre el oxígeno y el combustible.

La misión de Dios es continua y transformadora. La metáfora mencionada usa el proceso de la combustión para indicar el carácter continuo y transformador de la misión de Dios. Hay combustión mientras continúe la reacción entre los elementos; hay fuego mientras continúe la combustión. Por tanto, hay misión mientras Dios esté activo en el mundo; hay iglesia mientras haya misión. En el proceso de reacción, combustión y fuego, hay una continua transformación de energía. De la misma manera, la misión de Dios es de continua transformación.

La metáfora sugiere, entre otras cosas, que la iglesia es *objeto de la misión de Dios.* Esto implica que la iglesia existe por la misión de Dios. La iglesia no es la protagonista de la actividad misionera, más bien la iglesia es objeto de la misión de Dios tanto como lo es el mundo. El lugar privilegiado de la iglesia dentro de la Cristiandad es desplazado por la centralidad de Dios en la misión. Así como la combustión produce y sostiene el fuego, así la misión de Dios produce y sostiene la iglesia.

Diagrama #2

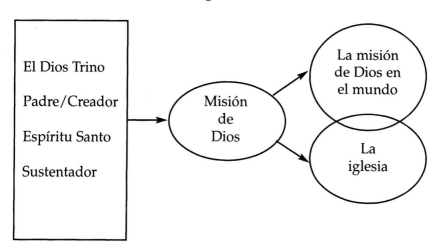

Ahora bien, el fuego es *uno* de los productos de la combustión. El fuego sirve como una «chispa constante» que mantiene la reacción química entre el combustible y el oxígeno, creando combustión. Pero la combustión produce otros tipos de energía. Por ejemplo, la combustión al producir fuego también produce luz. Los distintos tipos de energía producidos por la combustión están relacionados, las leyes de la ciencia física indican que la energía ni se crea ni se destruye, sólo se transforma. Por tanto, la misión de Dios tiene distintas expresiones, pero todas están relacionadas.

Así como el fuego es uno de los resultados de la combustión, así la iglesia es *uno* de los resultados de la misión de Dios. Sin embargo, dado que la iglesia nace de la misión de Dios, ella ocupa un lugar privilegiado: ella co-participa en la misión de Dios. Así como la combustión produce fuego que contribuye a sostener la combustión y crea otros tipos de energía, así también la iglesia participa en la misión de Dios al ser creada por la misión de Dios y co-participar en la misión de Dios. Esto significa que la iglesia es también *sujeto en la misión de Dios.*

La iglesia es entonces la comunidad cristiana de la fe que nace de la misión de Dios, es decir, es objeto de la misión de Dios, y crece en y por la misión de Dios, es decir, es sujeto de la misión de Dios. Más adelante veremos el significado misiológico de esta doble naturaleza de la iglesia.

¿Qué es la misión cristiana?

Estudiemos la definición de misión en la introducción: *Misión es la participación del pueblo de Dios en la acción de Dios en el mundo.*

Misión es la participación. Esta frase indica que la misión no es un estado mental, ni un deseo o aspiración, ni una actividad de reflexión, ni planificación. Misión es participar, es tomar acción en la tarea que alguien más está haciendo; implica unirse a otra u otras personas para completar una tarea o una acción determinada; es compartir una tarea a realizar.

En la introducción hablamos de la relación entre el Padre que envía al Hijo al mundo. Es evidente que la misión de Dios Padre está vinculada al envío del Hijo. La misión redentora de Dios se consuma en la participación del Padre y del Hijo en la historia de la salvación. Es el evangelio de Juan el que capta esta «mutua participación» de forma clara entre el Padre y el Hijo:

Jesús clamó y dijo: «El que cree en mí, no cree en mí, sino en el que me envió; y el que me ve, ve al que me envió... Yo no he hablado por mi propia cuenta; el Padre, que me envió, él me dio mandamiento de lo que he de decir y de lo que he de hablar. Y sé que su mandamiento es vida eterna. Así pues, lo que yo hablo, lo hablo como el Padre me lo ha dicho» (Jn. 12:44, 49-50).

La relación misional no sólo se limita al Padre y al Hijo, también hay una *mutua participación* en la misión con el Espíritu Santo. El pasaje de Juan 14:15-26 da evidencia de esta relación. Además, Juan 14:26 enlaza a las tres personas de la Trinidad y a la iglesia en una *mutua participación* en la búsqueda de la verdad: «Pero el Consolador, el Espíritu Santo, a quien el Padre enviará en mi nombre, él os enseñará todas las cosas y os recordará todo lo que yo os he dicho».

Es evidente que el Nuevo Testamento da testimonio de la «participación» de la comunidad del Dios Trino —Dios Creador, Dios Redentor y Dios Sustentador— en la misión. Siendo Dios el agente primordial de la misión, la misión *entonces es evento en y de la comunidad.* ¡La misión de Dios es una actividad participativa y comunitaria entre Dios mismo!

Del pueblo de Dios. Esta frase contesta a la pregunta de quién participa en la misión. Sabiendo que la misión se gesta en la comunidad del Dios Trino y que esta misión crea a la iglesia, ya arriba mencionamos cómo la iglesia tiene un lugar privilegiado en la misión de Dios. Aunque ella no es la protagonista de la misión, aunque no establece los objetivos ni los fundamentos de la misión, sin embargo, sí es *sujeto* de la misión de Dios. Por tanto, la iglesia vive una realidad doble: nace de la misión de Dios y participa en la misión de Dios.

El pueblo de Dios es la iglesia, esa comunidad de niñas y niños, señoritas y jóvenes, mujeres y hombres que adoran a Dios en gratitud por sus dádivas. La iglesia también es la comunidad que anuncia —como símbolo evoca y transmite distintos significados de múltiples formas— el evangelio del Reino. La iglesia se renueva en esta participación misional. Así como la combustión es un continuo proceso de transformación, de igual manera la participación del pueblo en la misión de Dios transforma a la iglesia.

En la primera carta de Pedro se observa esta doble identidad de ser pueblo adquirido por la misión de Dios y escogido para participar en la misión de Dios:

> *«Pero vosotros sois linaje escogido, real sacerdocio, nación santa, pueblo adquirido por Dios, para que anunciéis las virtudes de aquel que os llamó de las tinieblas a su luz admirable. Vosotros que en otro tiempo no erais pueblo, ahora sois pueblo de Dios; en otro tiempo no habíais alcanzado misericordia, ahora habéis alcanzado misericordia»* (1 P. 2:9-10).

Así pues, sólo en la medida que discernimos, comprendemos y anunciamos las virtudes del que nos llamó, es que nos podemos llamar pueblo escogido de Dios.

La acción de Dios en el mundo abarca mucho más que lo que sucede en la iglesia. Dios está involucrado en toda la historia humana. Mortimer Arias, misiólogo latinoamericano, expresa esta *acción de Dios en el mundo* en una hermosa estrofa de su himno «En medio de la vida»:

> *Estás (Dios) en la alegría y estás en el dolor,*
> *compartes con tu pueblo la lucha por el bien.*
> *En Cristo tú has venido la vida a redimir*
> *y en prenda de tu reino, el mundo a convertir.*

Por un lado, esto nos hace ver que la actividad misionera de conversión está en Dios y no en una institución humana. Por el otro, la iglesia también anuncia y encarna esta acción de Dios en el mundo en su predicación, en su adoración y en su participación misionera con Dios.

La acción de Dios en el mundo también plantea otro tema importante en la teología de la misión: la escatología. La escatología es la teología sobre los últimos tiempos. Otra manera de entender la escatología es pensar en la *inserción de Dios en la historia humana*. La actividad misionera de Dios en el mundo es escatológica, anuncia que vivimos en los «últimos días», que vivimos en un tiempo radicalmente distinto al tiempo cronológico.

Al tomar en serio *la acción de Dios en el mundo* hay que vivir conscientes y apercibidos de que Dios, por medio del Espíritu Santo, *obra* en medio de la vida de los pueblos. Por tanto, la iglesia está llamada a *discernir la acción de Dios en el mundo para participar en la misión de Dios.* La redención, liberación y reconciliación de Dios con su creación, en Jesucristo, no están suspendidas en el pasado para actualizarse en el presente, o tan sólo son tangenciales a la historia humana. Más bien ellas se encarnan —en la iglesia y fuera de la iglesia— transformando el presente y preñando el futuro de esperanza. Dios, en Jesucristo y por el Espíritu Santo, *actúa en el mundo y acompaña a Su pueblo en Su misión.*

De esta participación dinámica del pueblo con el Dios misionero nace el carácter *relacional* de la misión que discutimos en la introducción. La relación entre los que envían (el Padre y el Hijo), los enviados (el Hijo, el Espíritu y los discípulos) y el mundo (el espacio de la actividad misionera de Dios) es una red, una atarraya, donde se unen los sucesos y eventos en el mundo con la acción misionera de Dios. Consecuentemente, la iglesia que rechaza al mundo, también está rechazando el espacio de la actividad misionera de Dios. La iglesia que participa en la misión de Dios en el mundo se encarna en el mundo para ser signo del evangelio del Reino (objeto de la misión), para discernir la actividad misionera de Dios más allá de su realidad como institución y para ser transformada, junto con el mundo, por medio de la participación en la misión de Dios (sujeto de la misión).

Resumiendo: criterios para una teología cristiana de la misión

1) *Dios es el protagonista principal de toda actividad misionera.* En Dios se inicia, desarrolla y consuma la misión. Dios es el agente de la misión. La iglesia no es la protagonista de la misión, ni la única en administrar los dones de la gracia de Dios. La iglesia, más bien, es signo de la misión de Dios, no la *institución exclusiva de salvación.*

2) *La misión es una actividad comunitaria.* La misión se gesta con la *participación* de las tres personas de la Trinidad. Se inicia, desarrolla y consuma en comunidad. Así mismo, la participación de la iglesia en la misión de Dios

es comunitaria. Esto significa que la misión no es una actividad uni-direccional. La misión de Dios se manifiesta en redes de comunidades.

3) *El pueblo de Dios es objeto y sujeto de la misión de Dios.* La iglesia nace de la misión de Dios, se transforma y crece a través de su participación en la misión de Dios. Sin misión no hay iglesia; y en esta participación misionera, la iglesia vive en continua transformación. La iglesia descubre nuevas dimensiones del evangelio por medio de su participación en la misión de Dios.

4) *La actividad misionera de Dios se realiza en el mundo.* Existe una relación entre Dios y el mundo, entre Dios y su creación. Dios actúa en la historia de la humanidad ofreciendo señales de liberación y reconciliación. Esta actividad misionera de Dios en el mundo, o la inserción de Dios en el mundo, anuncia una nueva era, un nuevo tiempo. Esto es escatología. La iglesia está llamada a participar en esta actividad misionera de Dios en este tiempo nuevo de Dios. La obra misionera de Dios en el mundo trasciende los límites institucionales de la iglesia. De ahí la importancia de que la iglesia participe en la misión de Dios para que la iglesia sea transformada. Todavía más, la cultura de los pueblos es un vehículo por el cual Dios obra en los pueblos. Las tensiones culturales que identificamos arriba entre aquellos de los no-evangelizados y los agentes de misión tienen otras implicaciones. Pero no debe existir un antagonismo ingenuo entre la fe cristiana y los agentes de misión y la cultura de los pueblos donde se hace misión.

La Biblia es un recurso fundamental en la misión. La Biblia ha servido de inspiración, de motivación, de prescripción para establecer estrategias, de contenido —la traducción de la Biblia— y, recientemente, de recurso para desarrollar una teología cristiana de la misión. El próximo capítulo explora el uso de la Biblia en la historia de la misión cristiana y las más recientes propuestas para desarrollar una teología bíblica de la misión.

Capítulo 3
Biblia y misión
a través del tiempo

La misión y la interpretación de la Biblia

*L*a Biblia ha sido un recurso indispensable en la misión de la iglesia a través del tiempo. No obstante, su uso e interpretación han variado a través de la historia. En este capítulo exploraremos, primeramente, cuatro modelos de interpretación bíblica o maneras en que se usa la Biblia en la tarea misionera. Estos modelos nos ayudarán a comprender el desarrollo del uso e interpretación de la Biblia en la misiología. En segundo lugar, propondremos algunos apuntes y temas en relación al Antiguo y el Nuevo Testamento para el desarrollo de una teología bíblica de la misión. Concluiremos el capítulo con nuestra aportación a la *hermenéutica o interpretación bíblica misional,* particularmente considerando el pluralismo religioso y el reto misional presente. Estos temas testifican sobre la vitalidad que existe entre la misión de Dios, el pueblo de Dios, las Escrituras y el contexto —las condiciones económicas, culturales, políticas, religiosas y sociales de una región— donde se manifiesta la misión de Dios.

El *modelo* desde el centro

El primer modelo es la interpretación bíblica *desde el centro*. El modelo de interpretación bíblica *desde el centro* está ligado al término «misiones» discutido en la introducción y primer capítulo. El *centro* es la iglesia, o la Cristiandad, el lugar de donde surge la actividad misionera. Este modelo de interpretación bíblica limita el testimonio bíblico a dos dimensiones: primera, la Biblia es el libro que justifica la labor misionera; y segunda, la Biblia se convierte en un tipo de «recetario» con prescripciones a seguir para cumplir con la misión. La interpretación bíblica *desde el centro* asume que la Biblia le pertenece única y exclusivamente a la iglesia o institución misionera, y particularmente a los agentes de misión (misioneros y/o misioneras). El propósito de este modelo es *encontrar en la Biblia los motivos, las justificaciones y las estrategias para hacer misión*.

Un ejemplo del uso del modelo *desde el centro* es el modo en que Mateo 28:16-20, «La Gran Comisión», es interpretado y usado como ancla para establecer un modelo misionero, es decir, «hacer discípulos», «bautizar» (vs. 19) y «enseñar» (vs. 20), sin ninguna otra consideración teológica o contextual.

Esta interpretación bíblica *desde el centro* (y la anécdota del líder indígena Hatuey es un buen ejemplo), tiene limitaciones que afectan el quehacer misional del pueblo de Dios. Primero, tiende a limitar el uso y la interpretación de la Biblia a las misioneras y misioneros. Ya se conoce de antemano lo que la misión es, y luego se buscan referencias en la Biblia que la apoyen. La accesibilidad, autoridad e interpretación de las Escrituras quedan reservadas y limitadas a la cultura y experiencia de fe de donde procede la misión. Segundo, la interpretación bíblica se puede transformar en un método de misión. Como consecuencia, se confunde el testimonio bíblico con el dogma; la vitalidad de las Escrituras en el Espíritu de Cristo con las prescripciones y direcciones humanas e institucionales. Esto restringe la interpretación bíblica a la búsqueda de tareas, justificaciones, estrategias y soluciones a problemas en el campo misionero. Tercero, la interpretación bíblica *desde el centro* no considera el contexto de la misión. No existe intercambio entre el texto bíblico y la cultura, los asuntos políticos, económicos y sociales, del contexto donde hay misión. Por consecuencia, se niega al mundo como lugar de la actividad misionera de Dios.

Por último, la interpretación bíblica *desde el centro* no le otorga voz alguna al pueblo que es objeto de la misión de Dios. La interpretación bíblica es uni-direccional: de los agentes de misión a los misionados (los que son objeto de la misión).

El modelo desde el margen

El segundo modelo es la interpretación bíblica *desde el margen*. Mientras que en la interpretación bíblica *desde el centro* el contexto queda relegado, la interpretación bíblica *desde el margen* le otorga un lugar prominente. El personal misionero describe y analiza las condiciones culturales, económicas, políticas, religiosas y sociales dándole prioridad, en la mayoría de los casos, a las condiciones de opresión, pobreza y marginalidad. Consecuentemente, buscan ejemplos en las Escrituras que (1) sean análogos a las situaciones descritas y analizadas y (2) justifiquen acciones y proyectos que alivien dichas condiciones. El propósito de este modelo de interpretación bíblica es permitir que *las condiciones del contexto seleccionen los textos bíblicos que justifiquen la actividad misionera*.

El uso de este modelo es común en la redacción de documentos oficiales de misión de cuerpos denominacionales, interdenominacionales, ecuménicos y algunas agencias misioneras. Normalmente, estos documentos oficiales comienzan por describir el contexto donde se lleva a cabo la misión. Luego, mediante el uso de textos bíblicos, se establece el enlace teológico entre el contexto y la misión, y se justifica la práctica misionera en ese contexto particular.

Como ya anteriormente lo mencioné, el modelo de interpretación bíblica *desde el margen* enfoca sus esfuerzos al análisis del contexto y su relación con el texto bíblico. Aunque supera una de las limitaciones del modelo *desde el centro*, no deja de tener serias limitaciones. Por ejemplo, con frecuencia la incorporación del contexto en la interpretación bíblica es superficial ya que no hace uso de las ciencias sociales para proponer un análisis detallado. Consecuentemente, no existe diálogo entre el texto bíblico y el contexto. Lo que existe es una correlación o paralelismo entre el contexto y algún texto bíblico. Segundo, el análisis del contexto se usa como criterio absoluto para escudriñar y seleccionar el texto bíblico para la misión. Este criterio de interpretación deja al texto bíblico en silencio ya que no permite otra interpretación del texto o del contexto. Es una vía de una sola dirección: del análisis del contexto a la tarea misionera. El texto bíblico sólo ilumina el contexto y justifica una acción, una gestión misional. Por último, normalmente el análisis del contexto es una tarea realizada por personas que (1) no son parte del contexto, o, en el mejor de los casos, (2) son agentes de misión y solidaridad con el pueblo marginado y misionado. La participación del pueblo que experimenta la marginalidad en su cotidianidad es mínima en la reflexión misiológica (reflexión sobre la misión). Por tanto, el pueblo y su contexto se usan como ejemplo para justificar el uso del texto bíblico y la práctica misionera. El pueblo misionado, aunque con participación pasiva en la gestión de interpretación bíblica y reflexión misional, sigue siendo objeto de una misión definida por una participación ajena a su propia marginalidad.

El modelo del círculo hermenéutico o de interpretación

El tercer modelo de interpretación bíblica nace de la teología latinoamericana de la liberación, *el círculo hermenéutico o círculo de interpretación*. Propuesto por el teólogo latinoamericano Juan Luis Segundo, el *círculo hermenéutico o de interpretación* supera algunas de las limitaciones de los modelos mencionados arriba. Por ejemplo, este *círculo de interpretación* toma muy en serio el contexto, pero este no es el único criterio que determina la interpretación del texto bíblico. El estudio del contexto va ligado a la interpretación del texto, todo dentro de la vida del pueblo, protagonista principal en la interpretación del texto.

El círculo hermenéutico tiene cinco fases: La primera es el análisis de la realidad. Usando las ciencias sociales se interpretan y formulan causas para explicar la situación de opresión que vive el pueblo. Hay una *sospecha ideológica* que indica que la situación de pobreza y opresión no es voluntad de Dios, sino causada por seres humanos y sistemas políticos. En la segunda fase, la Biblia se lee en relación a este análisis de la realidad. Se hace una lectura *política* del texto bíblico. El texto bíblico y la realidad se interpelan mutuamente en un diálogo del cual surge una *praxis* liberadora. Esta *praxis* es un imperativo, una práctica transformadora y liberadora que es la tercera fase y es la gestión misionera que la comunidad pondrá en obra, con la fe de que Dios acompaña al pueblo en esta gestión misional. La cuarta fase es la experiencia de transformación que nace y se desarrolla de la *praxis* liberadora que gesta una nueva realidad. Finalmente, esta nueva realidad necesita ser evaluada y estudiada; el *círculo hermenéutico o de interpretación* se cierra al comenzar de nuevo, y las Escrituras toman su lugar de continua conversación con el contexto y la *praxis* liberadora.

Otra forma de entender el *círculo hermenéutico o de interpretación* es proponiendo el modelo de *ver, juzgar y actuar*, también de la teología latinoamericana de la liberación. Se comienza «viendo», describiendo la realidad de la comunidad y la realidad descrita en un texto bíblico. Después de «ver», se pasa a «juzgar» la situación de la comunidad y del texto bíblico identificando las situaciones de opresión y marginalidad y proponiendo estrategias, informadas por el texto bíblico, para superar las condiciones de opresión. Entonces se «actúa», se hace misión, se gesta una práctica liberadora, creando una nueva realidad. Esta nueva realidad exige una nueva descripción que cierra el círculo cuando se comienza a «ver» la nueva realidad.

Una de las contribuciones más importantes de este modelo en el campo de la misiología es la conciencia del acompañamiento de Dios. La misión y la reflexión bíblica sobre ella cobran una naturaleza dinámica y fluida que exige discernimiento y crecimiento en la fe. Los dos primeros modelos limitan la acción de Dios al pasado. *El círculo hermenéutico o de interpretación* quiebra este entendimiento estático de la gracia de Dios y pone de manifiesto la continua y renovadora presencia de Dios en su creación. Hay sólo una historia, y esta es la historia donde Dios es el protagonista principal. El Dios misionero nos invita a acompañarle en su misión, a discernir su gestión salvadora en el mundo y a participar en ella.

Otra contribución importante del *círculo de interpretación* es la riqueza de la interpretación bíblica que va junto a la misión. La interpretación del texto se enriquece por el testimonio de Dios en la vida del pueblo y por la experiencia del pueblo en medio de las luchas y logros en su contexto. El carácter *relacional* de la misión está presente en la interpretación bíblica y la práctica misionera. La

Biblia deja de ser un libro de prescripciones (*desde el centro*) o de ejemplos para aplicar a una situación (*desde el margen*), para ser un recurso fundamental en el discernimiento de la voluntad de Dios en la historia de los pueblos. La Biblia acompaña al pueblo en su participación en la misión de Dios para el mundo.

Finalmente, el *círculo hermenéutico* recalca la participación activa del pueblo que experimenta opresión y marginación en la reflexión y acción misionera. El pueblo participa con Dios en la acción liberadora y reconciliadora; el pueblo es sujeto, en reflexión y acción, en el quehacer de Dios en el mundo, particularmente en su propio contexto.

Sin embargo, este modelo de interpretación bíblica también tiene sus limitaciones. Principalmente, el *círculo hermenéutico o de interpretación* reduce la interpretación bíblica en el contexto de misión a situaciones socio-políticas o de lucha de clases. Esta reducción, en muchas ocasiones, no permite la inclusión de temas y realidades que, además del contenido político, tienen contenido étnico, cultural, religioso, familiar y de otra índole. Además, el *círculo hermenéutico o de interpretación* asume un contexto cristiano caracterizado por el conflicto de clases. No existe una dimensión teórica de interpretación bíblica que asuma encuentros y conflictos religiosos, étnicos, de género, generacionales, y otros. Cualquier reducción de la realidad humana es una grave limitación al encuentro y la misión de Dios con los seres humanos en sus respectivos contextos.

El modelo de la hermenéutica misional: Preguntas iniciales y el tapiz misional

El cuarto modelo de interpretación bíblica surge del diálogo teológico y bíblico entre biblistas y misiólogos. Este modelo refleja una etapa de madurez ya que los biblistas comienzan a tomar en serio el testimonio bíblico en relación a la misión y los misiólogos superan las limitaciones de los modelos anteriores descubriendo en las Escrituras, con la ayuda de los biblistas, gran riqueza misiológica. Ambas disciplinas demuestran interés en el campo bíblico identificando criterios y preguntas que arrojen luz y perspectivas para el desarrollo de una teología bíblica de misión. A este modelo lo llamo la *hermenéutica o interpretación misional*, y su propósito es descubrir las distintas perspectivas de la misión de Dios en el texto bíblico para proveer criterios que nos ayuden a discernir y a participar en la misión de Dios en nuestros días.

Este modelo guía al lector bíblico a encontrar ejes temáticos en relación a la misión de Dios en toda la Escritura. Por tanto, se supera la selección de textos, la dependencia exclusiva en el contexto y la reducción de temas misioneros a categorías sociológicas. Consecuentemente, se descubre la extensión y densidad de la misión de Dios en todo el testimonio bíblico. Tomando muy en serio la contribución de las ciencias sociales para interpretar y comprender el contexto —tanto del texto bíblico como el de misión— comenzamos la interpretación del texto con una conversación en torno a las siguientes preguntas: (1) ¿Por qué la misión?; (2) ¿Cómo se realiza la misión?; y (3) ¿Qué es misión?

La primera pregunta explora el carácter misionero de Dios. El misiólogo Robert Schreiter llama a esta reflexión bíblica «la Biblia *para* la misión». La iglesia busca en el testimonio bíblico la naturaleza misma del llamado a la misión, el carácter del mandato divino y el origen de la relación entre el Dios de la misión, el pueblo misionero y el mundo. La iglesia examina y estudia el espíritu del conocido texto: «Como me envió el Padre, así también yo os envío» (Jn. 20:21).

La segunda pregunta explora el «cómo» de la misión. Centrando su atención sobre el texto, sirve de puente entre el por qué de la misión y la gestión misionera. Luego de estudiar en Juan 20:21 la naturaleza del «envío», la pregunta «¿Cómo se realiza la misión?» encuentra una respuesta en Filipenses:

«Haya, pues, en vosotros este sentir que hubo también en Cristo Jesús: Él, siendo en forma de Dios, no estimó el ser igual a Dios como cosa a que aferrarse, sino que se despojó a sí mismo, tomó la forma de siervo y se hizo semejante a los hombres. Mas aún, hallándose en la condición de hombre, se humilló a sí mismo, haciéndose obediente hasta la muerte, y muerte de cruz» (Flp. 2:5-8).

El cómo realizar la misión de la iglesia debe reflejar la misión del Dios Trino.

La pregunta *¿Cómo se realiza la misión?* también provee una oportunidad para leer en el texto temas conflictivos sobre la misión. Por ejemplo, la narración sobre Abraham, Sarai, Agar e Ismael pone a flote debates sobre las relaciones humanas, la distribución y responsabilidad de la justicia y la interpretación bíblica de los pactos y las promesas de Dios con Israel y otros pueblos, incluyendo el pacto de Dios con el pueblo musulmán a través de Agar e Ismael (Génesis 16:11-16; 21:18-21). El ejemplo de Jonás, donde las expectativas del misionero son frustradas por un Dios de compasión que acepta el arrepentimiento de un pueblo pagano y lo trata como igual junto a Israel; y el de Rut, una mujer no judía que disfruta de las promesas del pueblo de Israel hasta el punto de estar en la genealogía de Jesús, nos demuestran cómo el plan y la misión de Dios cambian y se enriquecen en la historia del encuentro entre los pueblos. Ahí Dios aparece como protagonista de los sucesos, interactuando con los personajes bíblicos y no como un facilitador o manipulador de los acontecimientos bíblicos. Por último, en Marcos 9:38-41 (y en Lucas 9:49-50) se narra la controversia que se da entre los discípulos cuando se dan cuenta de que hay uno «que en tu nombre [Jesús] echaba fuera demonios, pero él no nos sigue». Jesús les dice: «El que no es contra nosotros, por nosotros es» (v. 40), con lo que presenta una apertura a la actividad misionera de Dios que se lleva a cabo incluso fuera del círculo de Jesús y sus discípulos.

Todavía más, esta pregunta ofrece la oportunidad para descubrir *lo que no debe ser la misión*. Por ejemplo, la narración en Esdras 10 es testimonio de la injusticia en contra de las esposas extranjeras y la familia que nació de matrimonios mixtos. Tratando de preservar la «pureza» étnica y religiosa de Israel, se rechaza a la mujer extranjera y a la familia a quienes se les deja desamparadas y sin esperanza. El texto plantea el serio conflicto de las repercusiones sobre el encuentro entre culturas, y refleja una actitud de superioridad cultural que afecta la vida de los más vulnerables: las mujeres y la prole.

El Nuevo Testamento está colmado de ejemplos donde las prácticas tradicionales de misión son cuestionadas, abolidas y renovadas por el Espíritu de Dios: el Sermón del Monte, con sus citas, «Oísteis que fue dicho..., pero yo os digo»; las narraciones del libro de los Hechos de los Apóstoles y sus contiendas sobre los requisitos culturales para aceptar a los gentiles en la comunidad cristiana (Hechos 15); y las cartas paulinas con sus discusiones teológicas y misionales donde se reflejan las luchas por discernir la misión de Dios en contextos nuevos y retadores. Esta pregunta reta a la comunidad cristiana a leer las Escrituras como un recurso de discernimiento y análisis, más que como un recetario o libro de instrucciones.

La tercera pregunta, *¿Qué es la misión?*, evalúa el contenido de nuestra gestión misional. Schreiter describe esta reflexión como «la Biblia *en* la misión». Continuando con el ejemplo de Filipenses, ahora nos preguntamos: ¿Qué contenidos, qué *praxis* testifican que la iglesia se «despoja de sí misma»; que «se humilla haciéndose obediente hasta la muerte...»? Esta tercera pregunta resalta el carácter histórico de la misión de Dios, la contextualización que hace el pueblo de Dios de esa misión y la importancia del Espíritu Santo en el discernimiento de la misión. En este sentido la «Biblia *en* la misión» es compañera en la actividad misionera, ayudando al pueblo a discernir y a ejecutar aquello que por el Espíritu de Cristo se descubre como la misión de Dios.

Ahora bien, estas tres preguntas no están aisladas la una de la otra. No es contestar una y pasar a la siguiente. Todo lo contrario. Estas tres preguntas se unen en una reflexión bíblica que, sin trasladar los modelos y métodos bíblicos a nuestro tiempo y condiciones, permiten la creatividad dentro de la tradición cristiana a la luz de las diversas circunstancias y realidades que enfrenta cada comunidad cristiana. Esta hermenéutica misional es un acto espiritual de descubrir a Dios en misión —junto con el pueblo de Israel y la iglesia del Nuevo Testamento— y de discernir la actividad de la iglesia en el presente para que de forma responsable y en la libertad del Espíritu testifique del Dios de la misión.

El misiólogo Charles van Engen usa la imagen de un tapiz para integrar la *hermenéutica misional* con la teología bíblica de la misión. Para van Engen, los hilos verticales del tapiz representan la actividad misionera de Dios y los horizontales la respuesta del pueblo de Dios a esta actividad. Las narraciones bíblicas forman el tapiz de la misión de Dios y la vida del pueblo. Este *tapiz misional* se teje cuando los hilos verticales y los horizontales se unen para formar la tela que refleja la actividad de Dios y la respuesta humana a esa actividad.

Como ya lo dijimos antes, la *hermenéutica misional* es una disciplina reciente. No es sino hasta principios del siglo veinte que la misiología comienza un estudio sistemático sobre la relación entre el testimonio de la Biblia y la misión de Dios; y no es sino hasta la misma época en que se comienza el desarrollo de una teología bíblica de misión. A continuación siguen algunos esbozos importantes para el desarrollo de una teología bíblica de la misión en el Antiguo y Nuevo Testamento.

Las Escrituras hebreas y la misión

El concepto de misión, tal como lo encontramos en el Nuevo Testamento, no aparece en las Escrituras hebreas (Antiguo Testamento). Pero esto no quiere decir que no haya un concepto universal del señorío de Jehová y un sentido de la misión de Israel en esas Escrituras. Ese concepto formó el entendimiento de la misión de la iglesia del Nuevo Testamento y de la teología bíblica de la misión tal y como lo continúa haciendo en nuestros días.

1) *La universalidad en el Antiguo Testamento.* A menudo se comete el error de interpretar el Antiguo Testamento en términos exclusivistas. Es decir, como si éste sencillamente fuera la historia de la preferencia de Dios por el pueblo hebreo. Cuando se interpreta así al Antiguo Testamento, entonces no hay lugar alguno para ver en éste el punto de partida para el concepto misionero del Nuevo Testamento.

Sin embargo, el Antiguo Testamento es mucho más universal en su visión de lo que generalmente se piensa. Por ejemplo, el libro de Génesis comienza con un largo prólogo o introducción de once capítulos en los que se subraya el señorío universal del Creador por sobre toda la creación y los seres humanos. La historia de Israel, que comienza en el capítulo doce de Génesis, ha de entenderse dentro del contexto general de la historia de la humanidad, y especialmente a la vez de los propósitos de Dios para esa humanidad que se encuentran en los primeros once capítulos del mismo libro. La propia elección de Abraham, que aparece al principio de ese capítulo, subraya el propósito universal de la elección divina: «Y serán benditas en ti todas las familias de la tierra» (Gn. 12:3). Todavía más, en las narraciones sobre la elección de Abraham y de

Israel también se insertan otras donde se hace evidente la actividad que realiza Dios con otros personajes bíblicos que están en conflicto o ¡que incluso han sido excluidos del clan de Abraham y su descendencia! Todo esto quiere decir que, aunque Israel es el pueblo elegido de Dios, tal elección no es una señal de favoritismo, sino que más bien es una señal de obligación; es el resultado de un pueblo que vive en pacto o alianza con Dios.

Por otro lado, esta responsabilidad de Israel implica anunciar su elección en medio de pueblos que tienen otras religiones y, por tanto, otras historias de salvación. El encuentro de la fe y elección de Israel con estos pueblos tuvo como resultado nuevos entendimientos sobre cómo vivir y expresar la elección del Señor. En un extremo, hubo confrontaciones muy fuertes como la de Elías y los profetas de Baal (1 Reyes 18:20 y siguientes); en el otro, hubo interesantes interpretaciones de la acción de Dios, tal como la de Isaías cuando anuncia que Ciro, rey de Persia, será el libertador de Israel (Isaías 45).

En todo caso, Israel tiene un llamado de Dios para ser un pueblo de bendición para todas las naciones de la tierra. La forma de expresar y actuar su fe en Jehová y de su elección es diversa y rica. Debido a tal diversidad en la experiencia, no son pocas las ocasiones en que Dios tiene que intervenir para clarificarle a Israel su elección. Dios usa las situaciones particulares que vive el pueblo para comunicar su voluntad. Al mismo tiempo, el pueblo de Israel enfrenta el reto de discernir la voluntad de Dios en medio de esas situaciones. Es en esta continua dinámica donde el pueblo percibe el significado de su elección y, por tanto, de su misión.

2) La fuerza centrípeta de la misión de Israel. En el Antiguo Testamento la misión de Israel se entiende de una manera «centrípeta» más que «centrífuga». No se trata de que Israel vaya por todas las naciones del mundo predicando el mensaje de salvación, sino que se trata más bien de que todas la naciones del mundo encuentren en Israel su salvación. Por tanto, la misión de Israel es testificar y anunciar la salvación de Dios para —y a toda— la creación. El Salmo 2 confirma el carácter «centrípeto» de la misión de Israel:

«Ahora, pues, reyes, sed prudentes; admitid amonestación, jueces de la tierra. Servid a Jehová con temor y alegraos con temblor. Honrad

al Hijo [al ungido de Dios], para que no se enoje y perezcáis en el camino, pues se inflama de pronto su ira. ¡Bienaventurados todos los que en él confían!» (Sal. 2:10-12).

3) De la exclusividad a la inclusividad: Las historias de Jonás, Rut y Esdras. El carácter misionero del libro de Jonás es muy conocido y polémico. No son pocas las ocasiones en que perdemos el mensaje central del libro porque nos enfrascamos en discusiones estériles sobre la autenticidad del documento. Sin embargo, el libro de Jonás es uno de los textos más elocuentes respecto a la misión de Israel y la de la iglesia.

Una lectura cuidadosa del libro proveerá la reflexión fundamental sobre lo ya dicho acerca del propósito de Dios y la misión universal de Israel. Primeramente, el propósito no es llamar a Israel a salir al mundo a predicar el señorío de Jehová, sino más bien un llamamiento al propio Israel para que reconozca que ese señorío es universal. Por tanto, el reconocimiento del señorío de Jehová, más allá de las limitaciones geográficas y étnicas de Israel, obliga al pueblo de Dios a abrir sus fronteras y a reconocer la gracia de Dios en la vida de los pueblos que aceptan la invitación al arrepentimiento.

Segundo, esta apertura por parte de Israel, personificada en Jonás, indica cómo la misión transforma la fe y el pensamiento sobre la voluntad de Dios. Jonás no quiere ir a Nínive porque sabe que Dios es un Dios compasivo. Hacer misión en Nínive implicaba confiar exclusivamente en Dios y dejar atrás los prejuicios y tergiversaciones sobre el concepto de la elección en Israel. En otras palabras, hacer misión en Nínive llevó a Israel a modificar su sentido de elección, al reconocer su lugar especial y su responsabilidad en la historia de la salvación (una actividad de compasión), y sin confundirla con exclusividad y privilegio.

4) «Acuérdate de que fuiste esclavo en la tierra de Egipto, por eso yo te mando que hagas esto...» La fe de Israel está centrada en la experiencia de la liberación de Egipto. Todo el Pentateuco hace continua referencia a la experiencia de esclavitud en Egipto y a la liberación de ella como un criterio ético y misional para la vida del pueblo. La memoria de la liberación del yugo de la esclavitud en Egipto anuncia que Dios ha optado por los más necesitados, por los más pobres.

La liberación es un tema importante en la historia de Israel y para su misión. Los profetas le recuerdan, tanto al pueblo como a sus líderes, la «opción preferencial de Dios por los pobres y los oprimidos». En esta historia la opción de Dios —tanto con su pueblo en Egipto, como con otros marginados y explotados— se conmemora en el Pentateuco, en los oráculos de los profetas, en poemas de la literatura sapiencial y en ritos, particularmente el de la celebración de la Pascua. Es una historia que se «revive» a través del tiempo y que enfatiza al pueblo el carácter liberador de Dios y la responsabilidad de justicia del pueblo de Israel.

La misión de Israel, al igual que la misión de la iglesia, está ligada al Dios que ha visto la aflicción de su pueblo y ha oído su clamor a causa de sus opresores (Éxodo 3:7). El carácter de la misión de Dios hacia su pueblo en Egipto y el regalo de la liberación de la esclavitud son criterios teológicos y misionales que anuncian quién es Dios, cuál es su misión y cómo debe vivir la iglesia frente a la injusticia.

5) *«Shalom»*. El Antiguo Testamento también hace referencia a un estado de vida donde la justicia y la paz rigen las relaciones entre los seres humanos y la creación. El término «shalom» indica la existencia de la *paz con justicia*; es realmente la ausencia de violencia porque hay justicia. Los pasajes proféticos en Isaías sobre el reinado del Mesías presentan imágenes de reconciliación entre los seres humanos, la creación y Dios. Todavía más, el término «shalom» integra la historia de la salvación de Dios y la historia de la humanidad eliminando el dualismo y ese tipo de espiritualidad que niegan la actividad de Dios en nuestra realidad histórica.

El concepto bíblico del «shalom» también tiene el potencial de integrar la teología de la salvación con la ecología y la teología bíblica de la misión. Al incluir imágenes de la creación interactuando con los seres humanos nos permite recuperar el tema olvidado de la mayordomía de los recursos naturales y la relación que éstos tienen con la sobrevivencia de toda la creación.

6) *El encuentro cultural y el intercambio religioso entre los pueblos paganos e Israel.* Nuestra educación y tradición bíblica no nos permite ver claramente las implicaciones teológicas y misionales del encuentro de personajes bíblicos —ya sean israelitas o gentiles— con otras culturas y formas de experimentar la fe. Nuestras interpretaciones —muchas veces formadas por el modelo *desde el centro,*

por falta de conocimiento sobre una cultura o religión particular, por prejuicios, o por la herencia de nuestra tradición cristiana sobre otras culturas y religiones— pasan por alto la complejidad y riqueza de estos pasajes bíblicos. Al reiterar posiciones fundadas en la sospecha e ignorancia sobre personas de otras culturas o fe, se pierde la oportunidad de discernir la misión de Dios para estas personas y pueblos. Los pasajes sobre el encuentro de Agar, Ismael y Dios (Génesis 15 y adelante), de los espías que recibieron protección de Rahab la ramera (Josué 2), de la visita de Saúl a la «adivina» (1 Samuel 28) y de los dilemas de la reina Ester en la corte de Asuero (Ester 4–6) solamente son algunos de los ejemplos bíblicos que podrían enriquecer nuestra fe si los leyéramos desde la perspectiva del encuentro entre culturas y religión.

Todavía más, muchos pasajes bíblicos señalan —ya sea implícita o explícitamente— el intercambio religioso que ocurre cuando se dan estos encuentros. Hay una tendencia natural en nuestra forma de leer el texto bíblico a «no ver» —o, en el peor de los casos, a «obviar»— este intercambio de patrones de significado religioso. Ahora nos toca leer el texto bíblico críticamente y evaluar el carácter de los encuentros e intercambio religioso.

7) El carácter escatológico de la misión. Hay ciertos textos en el Antiguo Testamento, y sobre todo en el segundo capítulo de Isaías, que son de carácter claramente misionero; es decir, que se refieren a la salvación de las naciones. Pero lo más acertado parece ser interpretar estos textos en un sentido escatológico, ya que estos textos apuntan a que un día la salvación alcanzará a todos los rincones de la tierra.

Dentro del contexto del Antiguo Testamento, no hay lugar para el concepto de una «evangelización» del mundo que ha de tener lugar por los esfuerzos de Israel; sino que esa «evangelización», en la cual el pueblo elegido fungirá como instrumento de Dios, es de carácter escatológico, de los últimos tiempos, y ocurre sólo por la decisión soberana del Altísimo. Así mismo, la misión no es una obligación que le es impuesta a Israel a través de toda su historia como parte de su tarea de ser el pueblo escogido, sino que es una de las señales de los tiempos escatológicos.

El Nuevo Testamento y la misión

El Nuevo Testamento también proporciona criterios y ejes temáticos para una teología bíblica de la misión. Lo que determina si los textos tienen un matiz misionero no es la lectura literal o la interpretación tradicional del pasaje, sino *la perspectiva misional con que se lee el texto.* Consecuentemente, los pasajes de la mujer extranjera de Mateo 15:21-28 y Marcos 7:24-30 pueden leerse como un «paradigma misional» con distintas variantes. Por ejemplo, la perspectiva de género: el encuentro de Jesús (hombre) con una mujer; la perspectiva inter-religiosa: el encuentro de Jesús con una persona que no pertenece a la fe judía; la perspectiva intercultural: el encuentro de Jesús con una extranjera/de sangre mixta, y otras.

En esta sección nos interesa proponer algunos criterios misionales, o perspectivas misionales para leer el Nuevo Testamento desde la teología bíblica de la misión. Estos criterios sirven de ejes temáticos para reflexionar sobre la misión de la iglesia y la Biblia. De ninguna manera estos criterios agotan la contribución del Nuevo Testamento. En nuestra opinión, los siguientes criterios representan grandes retos misioneros para la iglesia de Jesucristo en el próximo milenio.

1) Jesús y su ministerio. Cualquier reflexión misional sobre el Nuevo Testamento necesita tomar muy en serio el ministerio de Jesús tal como se presenta en los evangelios. La muerte y la resurrección de Jesús están ligadas a su ministerio en relación con la niñez, las mujeres y los hombres; su relación con las autoridades judías y romanas; su relación con los pecadores de su tiempo; su relación con las instituciones de su sociedad; su relación con personas de otras culturas; su relación con sus discípulos; y su relación con el Padre.

En algunas épocas y para algunos grupos cristianos, el evento de Jesús se ha reducido a la cruz y a los beneficios de salvación que provienen de su muerte. Esta perspectiva necesita enriquecerse con un estudio sobre la vida y ministerio del Maestro, que de esta forma ampliará no sólo el concepto de la salvación, sino el significado de la encarnación de Jesús y de vivir esta salvación en la historia para el pueblo cristiano.

2) La iglesia: comunidad de misión en el Espíritu. Es el Espíritu Santo quien capacita a la iglesia para la misión y el discipulado. Por otro lado, es el Espíritu Santo quien hala y sorprende a la iglesia en la misión, tal como le sucedió a Pedro en su encuentro con Cornelio (Hechos 10). Es también el Espíritu de Cristo quien en la comunidad de creyentes efectúa la reconciliación de Cristo, rompiendo barreras culturales, étnicas, económicas y religiosas. Es el Espíritu Santo quien «hace misión» antes de que nosotros digamos una palabra o realicemos una determinada acción; Dios, en el Espíritu, hace misión y da a conocer su gracia y voluntad preparando los corazones y las mentes para el mensaje de Cristo (Romanos 1–2).

La obra del Espíritu, tanto en la iglesia como fuera de ella, exige reflexión seria y profunda. En ambas esferas el misterio de la presencia y obra del Espíritu es como un puente misional y con su ayuda la comunidad de fe tiene la responsabilidad de discernir su misión y discipulado, su testimonio al mundo y su vida de comunidad. Esta es una dimensión teológica nueva en los círculos de la misiología. El aporte de la tradición pentecostal continúa siendo importante en el desarrollo de una teología sobre el Espíritu Santo en el contexto de misión. Ser comunidad de misión en el Espíritu permite a la iglesia vivir en la frontera entre ser signo y agente de la misión del reino de Dios; y confirma que la iglesia es *objeto y sujeto* de la misión de Dios.

3) La opción por la vida. El testimonio misional del Nuevo Testamento apunta a la vida. El ministerio de Jesús no termina con la muerte. Su ministerio y la fidelidad al Padre le dan a Jesús el poder sobre la muerte en el evento de la resurrección. De hecho, toda actividad misionera de parte de los discípulos surge después de la resurrección del Maestro. La resurrección y la vida marcan el comienzo de la misión de la iglesia y de la nueva era que terminan con la llegada del Reino.

Los milagros y enseñanzas de Jesús también apuntan hacia la realidad concreta de la vida. Jesús sanó, limpió, levantó, reconcilió, protegió y perdonó con el propósito de que las personas que fueron objeto de su ministerio tomaran control de sus vidas y ya no estuvieran sometidas al poder del mal y del pecado. Las enseñanzas de Jesús, particularmente en el Sermón del Monte, demuestran cómo uno puede encontrar la vida en el servicio a Dios y a los seres humanos en acciones de solidaridad cristiana.

4) La transformación cultural del evangelio. El Nuevo Testamento está repleto de ejemplos que atestiguan sobre la compleja relación entre el evangelio y las culturas. Usualmente leemos los textos del Nuevo Testamento pasando por alto la forma en que el evangelio *cambia* en la medida que pasa a los contextos culturales gentiles. Por ejemplo, mientras que para la iglesia de Jerusalén el título de Jesús como Mesías tenía un significado especial, para los gentiles no. Es dentro del contexto gentil —influido por la filosofía griega y helenista— que el título de Señor se incorpora a la teología y llega hasta nuestros días. El testimonio bíblico de esta dinámica entre el evangelio y las culturas es de suma importancia en los estudios de misiología, especialmente cuando observamos grandes transformaciones culturales y una enorme vitalidad de la fe cristiana en contextos radicalmente distintos al de la Cristiandad occidental.

5) *El encuentro intercultural y religioso*. La dinámica del encuentro del evangelio y las culturas es similar a la dinámica del encuentro entre culturas y experiencias religiosas. La fe cristiana nació y se desarrolló en un contexto de gran pluralismo religioso y de encuentros culturales. La predicación de los apóstoles, la exhortación de los líderes cristianos a las congregaciones en todo el Imperio Romano y los actos de compasión y de misión de estas congregaciones se dieron en situaciones de constante intercambio cultural y religioso. ¿Cómo podemos interpretar estas palabras de Pablo?: «De otro modo, ¿qué harán los que se bautizan por los muertos, si de ninguna manera los muertos resucitan? ¿Por qué, pues, se bautizan por los muertos?» (1 Co. 15:29) ¿Acaso se justifica con estas palabras el bautismo por los muertos? ¿Por qué Pablo usa este ejemplo para fundamentar la teología de la resurrección del cuerpo en Corintios? ¿Tiene algún significado teológico, cultural o religioso el que Pablo use este ejemplo para presentar su teología de la resurrección? Preguntas como estas son de carácter misional y reflejan la complejidad del encuentro que se da entre culturas y religión en el Nuevo Testamento.

6) *El factor «escatológico» en el Nuevo Testamento y la misión*. Jesús predicó la llegada del reino de Dios, «El tiempo se ha cumplido y el reino de Dios se ha acercado. ¡Arrepentíos y creed en el evangelio!» (Mc. 1:15). La escatología es la «teología de los últimos tiempos»; es la teología que reflexiona y ayuda a la iglesia de Jesucristo a vivir en los últimos tiempos. Con la inserción de Jesús en la historia el tiempo se cumple y la iglesia entonces vive en los últimos días. Vivimos, como creyentes, en un tiempo crítico.

La misión de Dios, la participación de Dios en la historia humana hace que el tiempo ordinario sea extraordinario; y es el tiempo de Dios en la historia de la humanidad. La teología bíblica de la misión tiene una dimensión escatológica que necesita ser estudiada. Esta dimensión ayudará a las congregaciones cristianas a clarificar el significado de vivir en los últimos días. La misión en los últimos días no significa negar la responsabilidad cristiana en el mundo. Al contrario, en nuestra participación de la misión de Dios redescubrir la teología escatológica nos permitirá recuperar *la relación de Dios* con el mundo y por tanto, *nuestra relación* con el mundo.

* * *

Un aporte a la hermenéutica misional: Pluralismo religioso, interpretación bíblica y misión

Como ya lo indicamos antes, la *hermenéutica misional* es una disciplina en desarrollo dentro del campo de la misiología. Por tanto, deseamos hacer una contribución a esta *hermenéutica misional* proponiendo algunas ideas y planteando algunas preguntas que nos ayuden a discernir la importancia misional de las Escrituras en un contexto de pluralismo religioso.

En primer lugar, es importante aceptar que parte de nuestra literatura religiosa (1) es parte de la literatura religiosa del Judaísmo (de ahí que digamos «la Biblia de los judíos o las Escrituras hebreas» a lo que conocemos como Antiguo Testamento), y (2) que es usada por otros grupos religiosos como los Testigos de Jehová, Mormones, Adventistas del Séptimo Día, La Nueva Era, y otros. Para muchos creyentes, esto es un escándalo y ocasión de una competencia religiosa. Para otros, es una oportunidad de misión y diálogo. Es un hecho, no obstante, que el uso de esas Escrituras no es *exclusivo* de la tradición cristiana.

El reto que presenta «compartir» las Escrituras requiere, primeramente, que la comunidad cristiana *conozca las Escrituras. Conocer las Escrituras* significa saber su contenido de la misma forma que conocemos el contenido de un libro de cuentos o una antología de ensayos. De igual importancia es que conozcamos las distintas interpretaciones que enriquecen la comprensión de las Escrituras. La tarea de desarrollar una teología bíblica de la misión exige ser accesibles y abiertos a las diversas perspectivas de interpretación bíblica, desde las más conservadoras hasta las más radicales, desde las más tradicionales hasta aquellas que nacen de otras tradiciones religiosas que también comparten las Escrituras.

En segundo lugar, debemos considerar que también hay personajes bíblicos que se encuentran en los libros sagrados de otras religiones, particularmente del Judaísmo y el Islam. Las imágenes e interpretación que las comunidades judías y musulmanas tienen y hacen de estos personajes —Abraham, Ismael, Sarai, Agar, María la madre de Jesús, Jesús, entre otros— son una invitación para reconsiderar y releer nuestra propia interpretación con nuevos lentes y perspectivas. Formados bajo el modelo bíblico *desde el centro,* es muy común rechazar este tipo de lectura misional. Sin embargo, este encuentro entre textos sagrados ofrece la posibilidad de ampliar nuestra comprensión bíblica y enriquecer nuestra interpretación de estos textos.

En tercer lugar, existen tradiciones religiosas —y agnósticas— que tienen un profundo respeto por nuestro Señor Jesucristo. La vida y ministerio de Jesús apela a personas que buscan dirección para vivir con integridad humana y sentido de justicia. Por ejemplo, no son pocos los investigadores del cristianismo en la China que se sienten profundamente atraídos a la figura de Jesús. Algunos de estos investigadores se consideran «cristianos culturales», un término que indica cierta simpatía para la fe cristiana sin necesariamente haber hecho una confesión de fe. Este sentido de respeto por la figura de Jesús en personas de otra fe o posición ideológica se traduce en una oportunidad de diálogo y misión. Su interpretación de las Escrituras puede enriquecer nuestra propia interpretación y comprensión de la Biblia.

En cuarto lugar, hay una enorme riqueza espiritual en leer y compartir las Escrituras con personas de otras religiones. Una misionera en Taiwán aprendió mandarín (chino) con una tutora budista. La tutora utilizó la Biblia para enseñar el idioma. Tal proceso educativo permitió a la misionera *conocer* las Escrituras a través del lente budista, con lo que su experiencia de fe fue enriquecida enormemente. Por otro lado, la tutora budista ha comenzado a *conocer* las Escrituras cristianas y continúa usándolas en las prácticas espirituales de su propia tradición religiosa.

La teología bíblica de misión debe utilizar todos los recursos de interpretación bíblica disponibles, incluyendo los modelos de interpretación y las interpretaciones que ofrecen otras tradiciones religiosas. En la tarea de desarrollar una teología bíblica de la misión, la comunidad cristiana es responsable de descubrir la riqueza de nuestra tradición bíblica. Providencialmente, esta riqueza no está circunscrita a la interpretación de la comunidad cristiana. Todo lo contrario, las Escrituras cristianas, así como Jesucristo, pertenecen al mundo y no solamente a la iglesia.

La *hermenéutica misional* necesita, por tanto, compartir con el mundo las preguntas: «¿Por qué la misión?», «¿Cómo es la misión?» y «¿Qué es la misión?». Durante el proceso de escuchar las diversas respuestas a estas preguntas misionales, la iglesia va descubriendo la actividad de Dios en contextos particulares, y la obra del Espíritu de Cristo en el mundo. Al añadir otras voces a nuestra *hermenéutica misional* permitimos que el Dios de la misión marque el sendero para la misión de la iglesia de Jesucristo.

Estas nuevas voces en nuestra *hermenéutica misional* destrozan la metáfora del *tapiz misional* discutido arriba. Ahora tenemos la actividad misionera de Dios en el mundo, los hilos verticales; la respuesta del pueblo de Dios a esta actividad misionera, los hilos horizontales; y las voces del mundo, ¡*El contexto de la actividad misionera de Dios!* ¿Cómo incluirlas en nuestra participación en la misión de Dios?

Mi tío Eugenio Montalvo era un pescador en Puerto Rico. Una de sus muchas responsabilidades era hacer atarrayas o redes de pescar. Dedicaba largas horas al arte de «atarrayar». Impresionaba su habilidad en hacer los nudos que unen los hilos verticales a los horizontales, creando la atarraya. Una vez terminada la red, los nudos unen hilos de todas las direcciones. Los nudos se convierten en ejes donde se unen hilos horizontales, verticales y diagonales. Estos nudos son los que sostienen el peso de los peces y la presión del tirón del pescador al subir la atarraya a la superficie. Todos los hilos, sin importar su dirección, componen los nudos que sostienen la pesca. De la misma manera, la *hermenéutica misional* que incluya al mundo, el contexto de la actividad misionera de Dios, permite que el texto bíblico sirva como nudo de atarraya, de eje que une las distintas direcciones de la misión de Dios en el mundo. Esta *hermenéutica misional* sirve para crear el nudo de enlace que sostiene la presión y el tirón de Dios y del mundo. No obstante, así como mi tío Eugenio debía poner empeño y trabajo para tejer su atarraya, de la misma forma nuestra reflexión e interpretación bíblica necesitan de empeño, trabajo y reflexión crítica saludable que nos ayude a desarrollar una teología bíblica de misión pertinente y renovadora.

En el próximo capítulo estudiaremos las distintas teologías y prácticas de misión que se han desarrollado dentro de la Cristiandad occidental —católica y protestante— durante el siglo veinte. Estas teologías de misión primordialmente son formuladas por misiólogos en el Occidente. Por tanto, éstas reflejan las implicaciones y consecuencias de misión que discutimos en el capítulo uno y también las tensiones que originan y desarrollan las teologías de la misión que discutiremos en seguida.

Capítulo 4
Evangelio y misión, iglesia y mundo: Teologías y prácticas de la misión para hoy . . . y quizás para el futuro

𝓔n el capítulo anterior discutimos los distintos modelos de interpretación bíblica en la historia de la misión, sugerimos algunos criterios para interpretar las Escrituras desde una perspectiva misional, y propusimos, de forma breve y concisa, un modelo para interpretar las Escrituras basado en el encuentro de la fe cristiana con otras religiones. Ahora nos toca hacer una síntesis de las distintas teologías y prácticas de la misión que surgen como respuesta a la co-participación de las comunidades de fe en la misión de Dios en el mundo. Estas teologías y prácticas de la misión son las más importantes del siglo 20. Algunas de ellas continuarán sirviendo a la comunidad de fe incluso bien entrado el siglo 21. Otras continuarán transformándose como respuesta a los retos misionales contextuales y prosperarán en el nuevo contexto posmoderno.

Unas más perderán su movimiento y fluidez, dando la impresión que se agotan en medio del transcurso misional. Y aun otras continuarán creando debates y controversias, demostrando las múltiples perspectivas sobre la gestión misional que hay dentro de la familia cristiana global. Ninguna, sin embargo, nace del aire o surge de la nada. Las teologías de la misión —como cualquier otra teología— tienen su fundamento en la praxis de la comunidad cristiana en determinado contexto. Tal como lo ha declarado el historiador Andrew Walls, la buena teología nace del contexto donde la fe tiene vitalidad. Así que entonces existe una correlación entre la buena teología, la buena misiología y la vitalidad de la fe cristiana.

Es imprescindible destacar que la vitalidad de la fe cristiana, a finales del siglo 20 y principios del siglo 21, se encuentra en los territorios identificados a finales del siglo 19 y principios del siglo 20 como «territorios de misión». Mientras que en el siglo 19 la mayoría de la población cristiana se encontraba en el contexto euro-americano, hoy sabemos que el crecimiento de la fe cristiana se está dando en el continente de África, seguido por América Latina, Asia y la región del Pacífico. Es evidente que el proyecto misionero de los siglos 19 y 20 tuvo éxito, aunque su realidad es distinta a las expectativas del mundo cristiano occidental.

La vitalidad de la fe cristiana está relacionada con la buena teología y las teologías y prácticas de misión están profundamente marcadas por el comienzo de una actividad y reflexión misional en el mundo no-occidental. Es decir, las teologías y prácticas de la misión que se discuten en este capítulo son el resultado de una actividad teológica global: provienen de contribuciones teológicas y prácticas del África, Asia, América Latina, Europa, Norte América y de cada rincón de donde sabemos que hay una respuesta del pueblo creyente a la misión de Dios en el mundo.

Necesitamos identificar, antes de comenzar nuestra presentación y discusión de las teologías y prácticas de la misión, cuatro metáforas que ilustran distintos puntos de referencia en la reflexión misional actual. Estas metáforas ilustran un fundamento para las teologías y prácticas de la misión en un tiempo y espacio particular. Aunque distintas, estas metáforas están relacionadas. Su relación no está basada en una progresión intelectual y la acumulación de conocimiento y experiencia misional. No es una relación estructurada como los peldaños de una escalera donde ir subiendo cada escalón representa progresar. La relación entre estas metáforas está basada en un *continuum*: todas ellas fluyen y se traslapan entre sí en la misma historia; co-existen una con la otra, se nutren y se corrigen una a la otra y todas dan testimonio de la lucha de la comunidad cristiana por entender el misterio de la co-participación del cuerpo de Cristo en la misión de Dios. Estas metáforas también ilustran la relación que existe en todo proyecto misional entre el evangelio, la misión, la iglesia y el mundo.

Metáforas del evangelio, la misión, la iglesia y el mundo

La iglesia como un bote salvavidas

A mediados del siglo 19 y principios del siglo 20, el movimiento misionero protestante debatía la relación entre la misión y la iglesia. Anteriormente, el agente principal en la tarea misional había sido *las sociedades o juntas misioneras* como la Sociedad Misionera de Londres, la Junta de Comisionados y otras. Algunas de estas sociedades o agencias misioneras fueron auspiciadas por denominaciones y mantuvieron una relación estrecha con la iglesia. A pesar de ello, esta relación continuó promoviendo una división entre la práctica misionera, la teología y la vida de iglesia.

El trabajo misionero era administrado, programado y evaluado por las sociedades y juntas misioneras. Aunque las sociedades y las juntas proveían informes a las denominaciones, y estas últimas informaban a las congregaciones, el resultado era el frecuente pero fragmentado impacto que caracteriza a estos procesos denominacionales en la vida de las congregaciones. La relación entre la misión y la iglesia continuó siendo mediada por estas organizaciones, lo que creó un patrón y estructura institucional que separó la vida de la iglesia de la actividad misionera hasta muy entrada la mitad del siglo 20. Algunas iglesias locales, aunque apoyaban y auspiciaban las sociedades y juntas misioneras, no estaban en el frente del trabajo misionero, y por lo tanto no podían integrar el trabajo misionero que auspiciaban a la vida de adoración y testimonio de su comunidad de fe, sino más bien se concentraban en recaudar fondos y recursos para las sociedades misioneras.

La evidencia de la separación entre la iglesia y la misión se encuentra en el hecho de que centenares de jóvenes que fueron misioneros a finales del siglo 18, durante el siglo 19 y hasta principios del siglo 20, recibieron su llamado en las conferencias misioneras auspiciadas por estas sociedades y juntas misioneras. Es cierto que hubo casos donde congregaciones locales definieron la vocación de un joven cristiano. Sin embargo, fueron movimientos cristianos como la Federación Mundial de Estudiantes Cristianos y los movimientos de jóvenes cristianos voluntarios, fuertemente afiliados a las sociedades y juntas misioneras, quienes proveyeron el «espacio sagrado» para iniciar y nutrir la vocación misional en esta época.

Es hasta 1910, en la Conferencia Mundial Misionera de Edimburgo, donde se comienza a explorar, aunque de forma indirecta e implícita, lo que había estado en la mente de muchos líderes misionales: la importante relación entre la iglesia y la misión. Durante las próximas décadas, el movimiento misionero, celebrando distintas conferencias regionales y mundiales, concentrará sus esfuerzos en esta preocupación misional y, poco a poco, descubrirá la centralidad de la iglesia en el trabajo misionero. La iglesia ya no estará más en el vagón de atrás en el trabajo misionero, sino que más bien será el agente principal, la sociedad misionera por excelencia, será la comunidad que proclama, en palabra y hecho, las buenas nuevas del evangelio de Jesucristo.

Con este nuevo entendimiento, nos preguntamos si las sociedades y juntas misioneras desaparecieron. De ninguna manera. Sin embargo, la manera de reclutar, buscar apoyo y establecer relaciones con las iglesias y denominaciones ha cambiado. Las sociedades y juntas misioneras han reconocido que la iglesia es una institución con un mandato y naturaleza misionera que está comprometida a apoyar y sostener la actividad misionera, y particularmente en las regiones no-occidentales.

Por ejemplo, en muchos lugares de los Estados Unidos y América Latina todavía continúa una ambigüedad entre las sociedades misioneras que continúan promoviendo y apoyando el trabajo voluntario misionero, las congregaciones y las juntas misioneras de las denominaciones. Es evidente que la reflexión misional de principios del siglo 20 no resolvió el dilema teológico heredado desde el siglo 19 entre las sociedades misioneras, las congregaciones y las denominaciones. No obstante, sí hubo un cambio en la perspectiva teológica y misional, y la iglesia se convertiría en el foco crítico de la práctica y teología de la misión.

En la medida que la relación entre iglesia y misión tomaba arraigo en el movimiento misionero mundial, un entendimiento de la iglesia-en-misión floreció. Este concepto se desarrolló desde la manera eclesiocéntrica de llevar a cabo y reflexionar sobre la misión. Así que entonces la iglesia se convirtió *en un bote salvavidas* para el mundo. Esto significaba que la iglesia *conocía y tenía* el evangelio y era el heraldo de la verdad del evangelio para el mundo. La iglesia rescataría al mundo de: (1) las fuerzas securalizantes y la industrialización explotadora alrededor del mundo; (2) la extrema pobreza y el subdesarrollo en el mundo no-occidental; y (3) la deficiencia e incapacidad de las religiones no-cristianas para enfrentar el avance del progreso y del mundo moderno. La tarea urgente de la iglesia era doble: proclamar el evangelio a toda criatura en espera de la Segunda Venida de Cristo, y llevar a cabo la gestión civilizadora para todos los pueblos de manera que el reino de Dios se estableciera en la tierra. Esta última tarea entendía el Reino en el orden histórico y progresista que fue promovido por la mentalidad liberal y del Evangelio Social. La primera provenía de una corriente escatológica y apocalíptica promovida por grupos evangélicos en los Estados Unidos y algunos lugares de Europa. El resultado fue que la iglesia, ya fuera en el orden histórico o en el apocalíptico, sería la agencia misionera por excelencia y establecería los criterios para comunicar y contextualizar el evangelio, para determinar la validez de la vida eclesial, y promover un determinado orden social y cultural.

No debemos concluir de esta metáfora una actitud rígida y acrítica de la relación entre la iglesia y la misión. Por ejemplo, durante las primeras décadas del siglo 20 algunos misiólogos comenzaron a dialogar con personas de otras religiones, y así sentando las bases para el diálogo inter-religioso en el siglo 20. La literatura misional de la época señala que este diálogo inter-religioso reconocía la integridad de otras tradiciones religiosas, su contribución al entendimiento sobre quién es Dios y el propósito de Dios para el mundo, y la espiritualidad en su relación con Dios. No obstante, con muy pocas excepciones, la mayoría de estas misiologías concluían que estas tradiciones religiosas carecían de «la totalidad» de la fe cristiana y de su institución mediadora, la iglesia, para la práctica apropiada de la fe. Que fuera *el bote salvavidas del mundo* y la *sociedad misionera por excelencia* no significa que la tarea misionera cristiana —eclesiocéntrica por naturaleza— fuera también ciega e indiferente a los asuntos sociales y religiosos de gran importancia que ocurrían en el contexto misionero. Todo lo contrario, muchos eran bastante conscientes de su contexto misionero. La diferencia es que muchos de los dilemas que se enfrentaban en el contexto de misión tenían ya una contestación preparada de antemano, una contestación *a priori* a pesar del análisis y la reflexión sofisticada que se producía en esa época: «vengan y únanse a la iglesia, ya que la iglesia tiene la *única* respuesta a los problemas de la vida y la muerte». Sin duda, este era otro tipo de cautiverio misional.

Es importante resaltar que esta metáfora de la *iglesia como bote salvavidas* gozó de apoyo y gran afinidad con los movimientos coloniales e imperialistas de finales del siglo 19 y principios del siglo 20. La extensión geográfica de los imperios sirvió, en muchas ocasiones, para la tarea misional ultramarina. Es cierto que en ocasiones los imperios occidentales tuvieron serios desacuerdos y conflictos con la presencia misionera, porque declaró las injusticias y la explotación que realizaban los imperios, pero en el medio ambiente político y cultural que también era representado por la presencia misionera, incluso apoyaba el racismo y clasismo más sutil en el contexto misional. Esta realidad nos recuerda de la gran necesidad de situarnos en el contexto misional conscientes de nuestra formación étnica, racial y de clase. Es también una advertencia para recordar que, en el contexto de misión, y aun como agentes de misión, estamos llamados a ser, no sólo sujetos de la misión, sino *objetos* de la misión de Dios en el mundo.

Las tradiciones católica romana y pentecostal también compartieron esta metáfora eclesial y este entendimiento misional hasta bien entrado el siglo 20. Con algunas excepciones, la fuerza primordial teológica continuaba siendo eclesiocéntrica, es decir, la iglesia *es el bote salvavidas del mundo*. Como discutiremos más adelante, la tradición católica romana descubrirá una nueva dimensión eclesial y misional en el Segundo Concilio Vaticano, mientras que las tradiciones evangélicas independientes y la pentecostal todavía continuarán luchando con esta herencia misional en su actual búsqueda de nuevas formas de ser fieles a la misión de Dios en el mundo.

La iglesia como signo del reino de Dios

Los estudios del Nuevo Testamento y los retos en las prácticas y teologías de la misión en la década de los 1950 cuestionaron la metáfora de la iglesia *como bote salvavidas para el mundo*. En los movimientos misioneros y ecuménicos, se escuchó la voz del misiólogo holandés J. Hoekendijk —que participó activamente en el Concilio Misionero Internacional y es autor del libro *The Church Inside Out*— para argumentar fuertemente en contra de la tendencia eclesiocéntrica y proponer una postura más teocéntrica. Progresivamente, el trabajo de Hoekendijk contribuyó al desarrollo de la metáfora de la *missio Dei*, o misión de Dios, la cual será discutida más a fondo adelante. Por demás está decir que luego de algunos eventos catastróficos «en el mundo cristiano» —las dos guerras mundiales— misiólogos cristianos desarrollaron una sospecha por la iglesia como institución de agencia misionera, y buscaron recursos bíblicos y teológicos que proveyeran un fundamento más amplio y sólido que ilustrara la fidelidad del pueblo de Dios al llamado misional de Dios. Hoekendijk y otros fueron críticos del auto-entendimiento de la iglesia —como *bote salvavidas del mundo*— y buscaron relativizar este auto-entendimiento sin desechar a la iglesia.

Al principio de la década de 1960, la Iglesia Católica Romana y su Papa, Juan XXIII, convocan al Concilio Vaticano Segundo. El Concilio, que se involucró seriamente con el *aggiornamento* o esfuerzo por poner al día a la Iglesia Católica, provee un entendimiento rico y diferente sobre la misión y participación de la iglesia en la misión. Casi simultáneamente, al Concilio Vaticano Segundo, los movimientos misioneros y ecuménicos comienzan a descubrir y a proponer el tema del «reino de Dios» para evaluar la actividad y reflexión misionera.

Bajo el tema del reino de Dios, el mundo continúa siendo el objeto de la misión. La iglesia, por un lado, *no es* el reino de Dios en la tierra, (y esto crea una nueva controversia y desplaza la tendencia eclesiocéntrica), sino un *signo* del reino de Dios en la tierra. El evangelio que se debe encarnar, por otro lado, es el evangelio predicado y vivido por Jesucristo en los cuatro evangelios: las buenas noticias del reino de Dios. La relación de la iglesia con el mundo es de carácter escatológico: la iglesia es signo de la verdad y del propósito de Dios para el mundo. La iglesia, tal como el Concilio Vaticano Segundo lo declara, es el sacramento de Dios para el mundo. La iglesia es, por tanto, un medio de salvación, una expresión de la voluntad de Dios para su pueblo y su creación, y un testimonio del poder divino de Dios para la salvación y reconciliación.

La misión de Dios en el mundo es establecer su Reino y traerlo a culminación. La misión de la iglesia, como ya se ha dicho, es ser signo de este cumplimiento para la humanidad y la creación. En ocasiones, el lenguaje que se usa para referirse a la misión de la iglesia apunta a la participación de la iglesia en el cumplimiento del reino de Dios. Nótese, sin embargo, la posición secundaria que ocupa la iglesia en su rol misionero: la iglesia no es el Reino ni es el agente de cumplimiento del Reino. La iglesia es sólo un signo del reino de Dios en el mundo.

Este nuevo entendimiento eclesial y misional surge también por las crecientes voces de líderes misionales no-occidentales, particularmente los ortodoxos y los protestantes en el movimiento ecuménico. Este fue también un tiempo de emancipación del orden colonial pasado, aunque una nueva forma de colonialismo —el neocolonialismo, que se caracteriza por la dependencia económica— continuaba oprimiendo las naciones subdesarrolladas en las regiones del Sur y del Este de la tierra.

El Papa Juan XXIII había convocado al concilio más diverso e internacional en la historia de la iglesia latina y las voces no-occidentales en él fueron críticas. Por otro lado, en los grupos evangélicos, particularmente aquellos asociados a lo que hoy se conoce como el movimiento de Lausanna, las voces no-occidentales como la del fenecido Orlando Costas y otros, «hicieron temblar los cimientos» de la fuertemente establecida concepción misional eclesiocéntrica. Era evidente que las voces de los misionados tenía un mensaje distinto y esperaban una práctica y teología misional distinta para sus contextos y para el mundo.

Teológicamente, la iglesia, como signo del reino de Dios, encontró en el ministerio de Jesús un modelo importante para la práctica y teología de la misión. Por mucho tiempo, muchas comunidades cristianas se apropiaron el lema de «La misión al estilo de Cristo» para ilustrar e involucrarse en la tarea misionera, ya fuera ésta doméstica o internacional. La oración del Padre Nuestro, una síntesis de la misión de Jesús, de la teología del reino de Dios y de la centralidad de Dios en la misión, se estudió en el movimiento misionero mundial y en el movimiento ecuménico. Tal fundamentación teológica, novedosa y refrescante, creó controversias y debates misiológicos de gran importancia. Fue obvio que el cambio misiológico que se dio del eclesiocentrismo a la teología del reino de Dios marcaría las teologías de misión para finales del siglo 20.

¿Llegaron estos cambios teológicos a la vida de las congregaciones? ¿Hubo cambios en las prácticas y teologías de la misión en las congregaciones y sociedades misioneras? Personalmente creo que sí. Es evidente, aun en los círculos más conservadores, un cambio en el lenguaje y la perspectiva misionera. Hay muestras de un nivel de cautela y humildad misional que sólo nace de un cambio paulatino en la teología misional. Es evidente que muchos comienzan a comprender que la agencia misional está en Dios, aunque todavía quedan por contestar muchas preguntas en relación al papel de la iglesia y del personal misionero.

La iglesia en la matriz misional: La Trinidad y la missio Dei

En los primeros capítulos, y particularmente el capítulo dos, discutimos la definición de misión. En esta definición recalcamos el carácter relacional de la Trinidad, la comunidad cristiana, el mundo y la misión. Aunque la metáfora del reino de Dios es teocéntrica y escatológica, ésta no lleva el *dynamo*, el impulso relacional, el movimiento interno que la misión requiere.

Es evidente que el Nuevo Testamento da testimonio de la relación que se da entre la comunidad trinitaria —Dios creador, Dios redentor y Dios sustentador— en la misión. En la *missio Dei*, Dios es el agente principal de la misión; la misión es, por tanto, *un evento en y de la comunidad*. La misión de Dios es de carácter participatorio y comunal en Dios mismo. Dios el creador (el Padre), envía a Dios el redentor (el Hijo), y Dios el redentor (el Hijo) envía a Dios el sustentador (el Espíritu Santo) y a la iglesia. En este «envío», la iglesia nunca está ausente de la actividad misionera de Dios, sino más bien va acompañada, guiada y en comunidad con el Espíritu de Cristo para el discernimiento y participación de la iglesia en la misión.

Esta participación común en la misión es particularmente intercultural o transcultural. El propósito misional del Dios Trino —un Dios, tres personas— se hace realidad por medio de la actividad de distintas expresiones de Dios. Es en esta interacción relacional de las tres personas de la Trinidad y las comunidades cristianas lo que provee un nuevo entendimiento de la misión. Este carácter mutuo y comunal de la trinidad se describe en el griego con el término *pericoresis*. Esta relación *pericorética*, esta relación interdependiente entre la trinidad, la comunidad de fe y el mundo en la misión es lo que llamo la *matriz de la misión*.

La iglesia, como una comunidad en misión, *está* en la *matriz de la misión*. Por tanto, la iglesia no es sólo sujeto de la misión —la que por sí sola sería una práctica de misión eclesiocéntrica— sino también objeto de la misión, totalmente «cubierta», «abrazada» por la actividad misionera de Dios, llamada al arrepentimiento, a la transformación y a la renovación en su compromiso y práctica misionera en el mundo. A través de la actividad misionera de Dios en el mundo, al co-participar en la misión de Dios las comunidades cristianas aprenden a *vivir* el evangelio del reino de Dios, y consecuentemente comienzan a *entenderlo*. El evangelio es más que una declaración proposicional sobre doctrina y orden. El evangelio es la acción viva de Dios para la redención y liberación de la creación. El evangelio está vivo y en movimiento en el mundo. El evangelio es la fuerza que resiste el mal y transforma la muerte en vida; es el regalo y la esperanza de reconciliación a pesar de las guerras y la injusticia; es el poder de la liberación en un mundo de opresión. Por tanto, la dimensión escatológica de la *matriz de la misión* se encuentra en la constante confrontación del poder liberador de Dios con los poderes de la maldad. La comunidad cristiana, cuando vive el evangelio de Jesucristo, participa en la misión de Dios y experimenta «los últimos tiempos», los momentos escatológicos que señalan la continua obra misionera de Dios en el cosmos.

¿Qué podemos descubrir de estas metáforas en relación al evangelio, la misión, la iglesia y el mundo? Primero, el rol de la iglesia en relación a la misión ha cambiado con el tiempo. Distintas fuerzas y condiciones históricas, tales como el movimiento misionero mundial y el movimiento ecuménico, la época del colonialismo y el neocolonialismo, las voces no-occidentales en los distintos medios de misión y la vitalidad de la fe en el mundo no-occidental, han probado ser levadura para ampliar la reflexión misional. Segundo, una sola metáfora o perspectiva no son suficientes para comprender la compleja pero interesante relación entre el evangelio, la misión, la iglesia y el mundo. Tercero, aunque una metáfora o una perspectiva puedan agotar esta relación, debemos reconocer que hay metáforas que son más completas y comprensivas que otras. Es obvio que la reflexión teológica sobre la relación entre el evangelio, la misión, la iglesia y el mundo ha sido enriquecida por las perspectivas globales y críticas, y la participación profética del pueblo de Dios, particularmente del pueblo que se encuentra en el margen y que usual e irónicamente es el foco de la misión. Cuarto, el movimiento de estas metáforas muestra una tendencia a tener una base para la misión que es teocéntrica, centrada en el reino de Dios y trinitaria, en vez de una tendencia misiológica eclesiocéntrica, basada en la perspectiva de que la iglesia-es-el-reino de Dios. Esta nueva tendencia y perspectiva reconoce que el pueblo de Dios es tanto recipiente como agente de la misión, aprendiz y hacedor, objeto y sujeto de la misión.

Estas metáforas son recursos que nos ayudan entender nuestra realidad como pueblo de Dios en misión, al mismo tiempo que demuestran la vitalidad de la fe. Con sus limitaciones y problemas, ellas son evidencia de las distintas perspectivas sobre la misiología y que tratan de explicar la relación entre el evangelio, la misión, la iglesia y el mundo. Como indicamos arriba, algunas de estas metáforas son más comprensivas y completas que otras. Aunque todas son contextuales y contingentes, también son expresión de los dilemas que se encuentran en el discernimiento de la participación de la iglesia en la actividad misionera de Dios.

Teologías de misión para hoy...y quizás para el futuro

En la última sección de su libro *Transforming Mission*, David Bosch presenta lo que llama los «paradigmas ecuménicos de la misión». Ahí discute ampliamente algunos de los cambios críticos en la teología y práctica de la misión, identificando trece puntos para comenzar la misión. Usando el esquema de «*misión como . . .*» describe, explica y evalúa algunas de las nuevas (y viejas) prácticas y teologías de la misión. En esta sección del capítulo, haremos una síntesis de su trabajo, aunque usaremos un esquema modificado y nuestra propia perspectiva para interpretar algunos elementos de su trabajo.

La misión conlleva la transmisión y recepción del evangelio (véase diagramas en el apéndice). Por el lado de la transmisión, los asuntos misionales frecuentemente están enfocados en la actividad misionera, en la persona que va y hace misión. Algunas de las preguntas relacionadas con la transmisión del evangelio son: ¿Qué debemos comunicar sobre el evangelio? ¿Cómo participamos en la misión de Dios cuando estamos en un grupo de una cultura, historia, religiones y realidad social totalmente distintas a la nuestra? ¿Estamos llamados a traer justicia? ¿Cómo influye nuestro trasfondo económico en nuestra tarea misional y la manera en que los misionados nos perciben? ¿Qué recursos culturales usamos para comunicar el evangelio? ¿Cuánto conocimiento de la cultura y de las religiones necesitamos para ser competentes en nuestra gestión de transmitir el evangelio? ¿Qué percepciones y prejuicios existen por parte del grupo misionado que determina la forma en que el evangelio se comprende?

Por el lado de la recepción, los asuntos misionales se concentran en quienes son misionados. Algunas de las preguntas relacionadas con la recepción son: Como pueblo misionado, ¿qué hacemos con el evangelio recibido cuando éste plantea contradicciones con nuestra identidad cultural? ¿Podemos comprender el evangelio tal como lo recibimos? ¿Es el evangelio un regalo para nuestro bienestar? ¿Cómo se relaciona este evangelio con nuestra historia colonial, religiosa y familiar? ¿Hasta qué punto la historia del evangelio es compatible con la historia de mi pueblo no-cristiano? ¿Cómo se inserta el evangelio en la historia de mi pueblo? ¿Qué papel debe tener la iglesia en una sociedad donde la religión es plural y diversa?

Usando estas dos categorías en la gestión misionera —la transmisión y recepción del evangelio— discutiremos las siguientes teologías y prácticas de la misión para hoy, y quizás para el futuro.

La misión como transmisión

1) La *misión como evangelización* continúa siendo una tarea indispensable para las comunidades de fe. La evangelización es el proceso por el cual el evangelio es comunicado, comprendido, vivido e integrado a la vida de la comunidad. La evangelización, por tanto, no es sólo proclamación, sino es también discipulado: la vivencia del regalo de la salvación en Jesucristo por medio del crecimiento, la madurez y el testimonio en y para el evangelio de Cristo.

Muchas comunidades cristianas separan la evangelización de la justicia social. Esta separación nace de un entendimiento fragmentado y parcial de la evangelización, ya que la verdadera evangelización nos dirige a acciones que dan testimonio del evangelio como los actos de justicia a favor de quienes sufren injusticia. Esta dimensión de la evangelización es intrínseca al significado del discipulado como vivir el evangelio de Cristo en todas las dimensiones de la vida.

La evangelización también tiene que ver con la comunicación y la espiritualidad. Recientemente fui invitado a dar un taller sobre la evangelización. Me dieron el tema, «Cuando el temor no nos permite compartir el evangelio». Al comenzar el taller era obvio que muchas personas se quejaban del ambiente hostil en el mundo posmoderno para la evangelización. Este grupo de cristianos, preocupados por la evangelización, no podían encontrar formas de comunicar el evangelio que no crearan algún tipo de incomodidad o preocupación tanto para ellos como transmisores al igual que para los receptores.

Desafortunadamente, parte del mal entendimiento sobre la evangelización está en el punto de partida: se cree que el propósito de la evangelización es dar respuestas (Por ejemplo, ¿recuerda usted el librito de las cuatro leyes espirituales?). Raramente hemos considerado otro acercamiento, otro punto de arranque: por ejemplo, la práctica religiosa de aquellos que evangelizamos. Si la actividad misionera de Dios está en el mundo, entonces no necesitamos comenzar dando respuestas. Más bien comenzamos discerniendo la actividad de Dios en el contexto de la misión y en las comunidades. En esa búsqueda encontraremos distintas respuestas a la actividad de Dios: desde el total rechazo a la invitación de salvación y redención, la resistencia, la afinidad simpática, la búsqueda de claridad y diálogo y hasta la plena aceptación.

El proceso de evangelización demanda un acercamiento diferente a la conversión, es decir, a la experiencia por la cual una persona cambia su rumbo hacia Jesucristo por el poder del Espíritu Santo. Cambiar de rumbo hacia Jesucristo es un proceso guiado por el Espíritu y asistido por la comunidad de fe. Este cambio de rumbo requiere tiempo para construir una relación de confianza de manera que vayamos más allá de simplemente dar información sobre Jesucristo, hasta ser formados *en y por* Jesucristo. Es un proceso por el cual la experiencia de y con Dios se *humaniza*; el don de la salvación se hace histórico, afectivo, relacional, y arraigado en la vida del evangelio y de la comunidad de fe.

2) La *misión como la-iglesia-para-y-con-otros* requiere que la comunidad cristiana reconozca la actividad misionera de Dios que ya se lleva a cabo en medio de los que servimos. También requiere que la iglesia tome el riesgo de aceptar la interpretación de la vida y la lucha de los otros como una verdad particular. La iglesia necesita aprender mientras practica una misión de solidaridad y acompañamiento, mientras sirve a otros en la comunidad, mientras va conociendo las limitaciones humanas y la gracia de Dios; necesita aprender sobre cómo resistir las estructuras del mal, sobre el significado de la esperanza, sobre el pecado y la liberación, sobre el odio y la reconciliación. En esta gestión misionera, nuestra teología de la misión se amplía y se transforma debido a la experiencia vivida con las personas que servimos.

La *misión como la-iglesia-para-y-con-otros* tiene un carácter celebrativo y profético. De igual manera que la iglesia celebra y alaba a Dios por su actividad misionera en el mundo y por las lecciones que Dios le permite a la iglesia descubrir mediante la misión, así la iglesia encarna la justicia del evangelio de Jesucristo en su testimonio de solidaridad y acompañamiento. En el espíritu de celebración y en la actividad sacramental, la iglesia se convierte en un agente de evangelización, dando gloria a Dios y anunciando y encarnando las primicias del reino de Dios. La razón primordial de nuestra solidaridad está basada en el propósito de Dios para el mundo, la llegada del Reino de Paz y Justicia.

La *misión como la-iglesia-para-y-con-otros* es también una expresión de la misión como *testimonio común de unidad*. Así pues, cuando las congregaciones y denominaciones se unen para dar testimonio del reino de Dios, es la misma comunidad cristiana la que proclama y descubre el regalo de la unidad del cuerpo de Cristo. La misión es una expresión de la gracia y la redención de Dios que va más allá de las fronteras de orden y disciplina de la denominación.

3) La *misión como testimonio a personas de otras religiones* es uno de los retos de más envergadura en la práctica y teología de la misión. Dada la secularización, muchos filósofos y teólogos esperaban que el fervor religioso y las religiones desaparecieran. Irónicamente, la consciencia y la práctica religiosa no han desaparecido, pero sí se han transformado. Debido a esto, muchas comunidades ven frente a ellas un mapa religioso distinto que está lleno de oportunidades pero también de hostilidades.

En el contexto hispano/latino, caribeño y latinoamericano ese mapa religioso tiende a tener un centenar de opciones religiosas que van desde las tradiciones indígenas y africanas hasta las nuevas formas de espiritualidad ambientalista, el neo-paganismo y la Nueva Era. A este centenar de opciones religiosas se le añade el modo particular que tienen de interactuar las expresiones religiosas en nuestro continente: un sincretismo intenso que refleja el tráfico religioso y de identidades que tanto caracteriza a los pueblos mestizos y mulatos. Nótese que la reflexión misional sobre estos temas, es decir, sobre una teología del sincretismo religioso, es una tarea nueva que en ocasiones se recibe en nuestras comunidades de fe con mucha sospecha, dado los patrones heredados de la misión. Esto, sin embargo, no elimina la responsabilidad que los misiólogos hispano/latinos, caribeños y latinoamericanos tenemos para comprender, a la luz del evangelio, esta dinámica religiosa en nuestro contexto misional.

Algunos teólogos han propuesto tres categorías para describir la manera en que la fe cristiana se relaciona con otras religiones[1]. La primera categoría se conoce como la exclusivista. En esta categoría la fe cristiana reclama su particularidad y no reconoce a ninguna otra tradición religiosa como fuente de salvación. La segunda categoría se conoce como la inclusivista, la cual se asocia generalmente con el teólogo católico Karl Rahner y su propuesta del *cristianismo anónimo*. El inclusivismo afirma que la gracia salvífica de Dios está en todas las religiones que buscan el bien. La categoría inclusivista reconoce en menor o mayor grado, la legitimidad salvífica de otras religiones, aunque el medio último de salvación es la gracia de Jesucristo que está presente en estas tradiciones religiosas. La última categoría se conoce como la pluralista, porque reconoce que todas las religiones son vehículos legítimos de salvación.

La *misión como testimonio a personas de otras religiones* plantea preguntas muy importantes y críticas en relación con la salvación, el rol de la iglesia, el significado de la presencia de Dios en otras religiones, la obra del Espíritu Santo, la Trinidad, el propósito del diálogo inter-religioso, la historia de los pueblos y la inculturación (que es otro modelo de misión que discutiremos más adelante). Este es un campo en la misión, por un lado, a que se llevan muchos prejuicios y falsas concepciones heredadas por las estructuras de la Cristiandad. Por otro lado, existe una riqueza teológica e histórica que ilustra la lucha de muchos misiólogos y misioneros por comprender el lugar de la fe cristiana en el tapiz de las religiones del mundo. Es evidente que la *misión como testimonio a personas de otras religiones* es una tarea misional arriesgada, sin garantías, y sin respuestas preconcebidas o anticipadas. Esta gestión misionera exige un profundo compromiso precisamente debido a las frustraciones y logros que caracterizan esta labor misionera en nuestros tiempos. Es, sin duda, una tarea misional que depende de la oración, que requiere gran apertura y espiritualidad, y que demanda un compromiso cristiano acompañado de una sed por conocer el misterio de Dios que se encuentra en la vida de las personas de otras religiones.

La misión como recepción

4) La *misión como liberación* es la respuesta cristiana a las estructuras opresivas y del mal que hay en el mundo. La teología de la liberación, que nació en América Latina, continúa teniendo una influencia impresionante en las prácticas y teologías de la misión en el mundo entero. Como ya lo hemos indicado en capítulos anteriores, evangélicos y pentecostales, particularmente aquellos que viven en las regiones y continentes del Sur, han hecho suyo el compromiso de la liberación, las convicciones proféticas y las perspectivas teológicas a favor de los pobres.

La *misión como liberación* afirma el carácter evangélico de la *opción preferencial por los pobres,* discutida ya en el capítulo sobre misión y Biblia. Los pobres de la tierra tienen una perspectiva particular sobre la liberación, dado que su ubicación social e ideológica no tiene intereses económicos que preservar. Los pobres pueden, entonces, «leer» las inclinaciones ideológicas de aquellos que están en el poder y que ocupan posiciones de riqueza y prestigio. Por su ubicación social, los pobres tienen el privilegio de identificar y nombrar las prácticas idolátricas de la iglesia y de la comunidad en general y, al mismo tiempo, proveer una voz profética que invita al arrepentimiento y a la transformación social.

En esta práctica de teología sobre la misión, los agentes de la liberación son Dios y los pobres. Los pobres son sujetos de su historia y luchas, que van acompañados por el Dios de la liberación. La *misión como liberación* comienza desde abajo, va buscando los cambios sociales a partir de la base y no desde las estructuras del poder. Esta particularidad nos recuerda que aunque no se descarta el diálogo con las personas de poder en la comunidad, el pobre está consciente de las limitaciones de ese diálogo dados los intereses económicos de los grupos en el poder. Los agentes de misión, por tanto, están muy al tanto de las estrategias políticas necesarias para lograr el cambio a favor de los pobres.

La *misión como liberación* también busca la liberación de quienes han sido esclavizados por los ídolos de la riqueza y el poder. La perspectiva preferencial por los pobres es la que provee la voz profética que confronta las ideologías falsas sobre la riqueza y el control (como «las personas que trabajan duro ganan mucho dinero»), y nombrar la relación idolátrica que tienen los ricos con el poder. Esta perspectiva se convierte en la voz de Dios que nos recuerda, y demanda, que nuestra fidelidad solamente le pertenece a Dios, y no a las riquezas de este mundo.

5) La *misión como reconciliación* busca sanar las heridas de aquellos que han sufrido por conflictos violentos como guerras étnicas y raciales, violencia doméstica y toda clase de injusticia donde la integridad y dignidad del ser humano y la creación son violadas por alguien más. Durante la última década del siglo 20, el mundo ha sido testigo del crecimiento en actos violentos en contra de grupos minoritarios, las mujeres, la niñez, y otros grupos culturales y sociales que reclaman su dignidad en el espacio socio-cultural de

su contexto. Mientras que los gobiernos de las naciones sigan perdiendo control y autoridad sobre sus ciudadanos y territorio, los
grupos étnicos y religiosos reclamarán su identidad y viejas gue-
rrillas resurgirán con resultados devastadores para los grupos más
vulnerables, usualmente las mujeres y la niñez. La preocupación
por los conflictos entre culturas o grupos étnicos ha cobrado tal
magnitud e importancia para los gobiernos y agencias de ayuda y
desarrollo, que el científico político Samuel Huntington escribió un
ya famoso artículo titulado «The Clash of Civilizations» donde
analiza la situación global y propone estrategias para que los
gobiernos entiendan este fenómeno de violencia.

En esta perspectiva de *la misión como reconciliación*, la comunidad
cristiana busca la justicia, ya que sin justicia no puede existir reconciliación. Robert Schreiter, en su libro *Reconciliation*, ofrece un
esquema bíblico y teológico para llevar a cabo esta práctica de la
reconciliación. En su esquema teológico, Schreiter deja claramente
establecido que la víctima, no el victimario, es quien inicia el proceso de reconciliación. Por consecuencia, la *misión como reconciliación* ubica a la comunidad cristiana a favor de la víctima, buscando
la justicia como una forma de encontrar y experimentar la reconciliación bíblica e histórica para los oprimidos. Un proceso reciente
de reconciliación, aunque complejo pero interesante, fue la
Comisión de Reconciliación de Sudáfrica, presidida por el arzo-
bispo Desmond Tutu.

La comunidad humana también necesita ser reconciliada con su
medio ambiente. La modernidad ha impuesto un espíritu de
«dominio y conquista» que ha socavado nuestra relación con la
naturaleza. En la actualidad la comunidad global enfrenta el deterioro ambiental: una amenaza real al futuro de la creación. La
misión como reconciliación, entonces, busca la justicia entre la comunidad humana y la creación, reconociendo que ambas necesitan
redención y reconciliación con su Creador y equilibrio entre la una
y la otra.

6) La *misión como contextualización* busca que el evangelio sea
pertinente al contexto donde se transmite. De acuerdo con esta
forma de actividad misional, queremos discutir dos prácticas y teologías de la misión: *la misión como inculturación* y *la misión como teología*. En la *misión como inculturación*, la fe cristiana comienza
echando raíces en el contexto misional. Por consecuencia, hay un

intercambio entre la cultura del contexto y la comunidad que recibe el evangelio. Frecuentemente, este intercambio no es intencional o consciente, sino que más bien fluye en la medida que el pueblo de Dios *vive e interpreta* la fe desde su cotidianidad. La fe se encarna y está en proceso de encarnación, aunque éste no es necesariamente sencillo y sin complicaciones.

La *misión como inculturación* se da en la medida en que la comunidad usa su lengua vernácula para la vida de la fe, sus recursos culturales, su historia, su cosmovisión religiosa y los retos que se le presentan para interpretar y comunicar la fe en su contexto. La *misión como inculturación* es un proceso que debe ser evaluado por el mismo proceso de transmisión del evangelio en su contexto y por el propio pueblo de ese contexto. En otras palabras, la inculturación pasa su examen más difícil cuando la comunidad de fe practica la evangelización, y ésta se arraiga en la vida del pueblo. Tratar de transmitir o comunicar el evangelio sin un cierto nivel de inculturación sería como intentar predicar las buenas nuevas de salvación en un lenguaje terrestre a los marcianos.

La *misión como inculturación* testifica sobre el poder del Espíritu Santo que se da en el proceso de recepción de la comunidad de fe. Aunque muchos historiadores, teólogos y líderes cristianos rechazan la historia de las misiones y la misión sobre la base de sus tonalidades imperialistas, Lamin Sanneh (entre otros historiadores y misiólogos) nos recuerda la tarea misional local de la que emergen comunidades cristianas con un profundo nivel de inculturación, que celebran el evangelio en sus propios términos culturales y, todavía más, que resisten a las fuerzas imperialistas y la imposición misionera occidental. La *misión como inculturación* es un instrumento por el cual las comunidades cristianas toman el control del significado del evangelio en sus vidas y proveen a la comunidad más amplia una interpretación de la fe cristiana arraigada en su identidad social y cultural.

Por otro lado, la *misión como inculturación* implica que el evangelio comienza a tener un matiz particular, el matiz de la vida del pueblo en ese contexto particular. El evangelio, encarnado, por ejemplo en Jamaica, pasa por un proceso de «jamaiquinación». No hay evangelio sin particularidad y no hay particularidad que no interactúe con el evangelio una vez que toca su contexto.

Una pregunta importante que surge de esto es: ¿Cuán lejos debe llegar el proceso de inculturación? ¿Puede la «jamaiquinación» del evangelio diluir el carácter profético del evangelio para la cultura? Esta pregunta nos lanza a definir la segunda práctica de la misión dentro de la *misión como contextualización: la misión como teología*.

La *misión como teología* afirma que la tarea teológica es siempre contextual. No existe tal cosa como la teología universal, usualmente las teologías del Occidente, y las teologías contextuales tales como la teología caribeña, la afro-americana, la feminista y otras. Todas las teologías son contextuales, por tanto, son iguales en la conversación las unas con las otras. La *misión como teología* recupera en la práctica de la misión un acercamiento crítico con los mejores recursos académicos disponibles dentro de nuestra tradición cristiana y del mundo secular. La *misión como teología* demanda el uso de todas las herramientas posibles que ayuden a la comunidad de fe a discernir su co-participación en la misión de Dios.

La *misión como teología* también usa los recursos clásicos de la teología. Esta práctica misional le recuerda a la comunidad de fe que toda buena teología es teología contextual, ya que está centrada y basada en la experiencia de Dios y de la comunidad en un contexto particular. La teología como ejercicio intelectual abstracto ha agotado su curso. Las teologías que se limitan a tal tarea y que ponen de manifiesto una actitud rígida de exagerada objetivización, no tienen espacio en el quehacer teológico del siglo 21. Una buena teología de misión, es decir, una buena teología, nace de un contexto donde la fe es vital. La vocación de la teología no es sólo para cuidar la integridad del evangelio en los procesos de contextualización, sino para acompañar al pueblo en su discernimiento y co-participación en la inmensa y sorprendente misión de Dios.

En el próximo capítulo discutiremos la dimensión práctica y eclesial de las teologías de la misión a través de la predicación. La predicación, como instrumento de comunicación del evangelio, es transmisión y recepción del evangelio *para* y *en* la iglesia local. Veremos cómo la predicación es misional, no porque promueve la misión, sino porque encarna la tarea misional.

NOTAS
[1] Nótese que estas categorías no agotan la forma en que se relacionan las religiones, sólo son categorías para ayudarnos a comprender las dinámicas internas de las distintas religiones.

Capítulo 5

La «predicación misional»: Un ejemplo de misión en la congregación local

*L*a iglesia local es una comunidad que encarna la misión de Dios en el mundo. Como ya lo indicamos anteriormente, la iglesia es *objeto y sujeto* de la misión de Dios. La iglesia es fruto de la actividad misionera de Dios y co-participa en la actividad de Dios. Esta doble naturaleza de la iglesia local en relación a la misión de Dios la ubica en un espacio muy peculiar: *La iglesia discierne la misión de Dios en la misma medida en que participa en la misión de Dios.*

Desafortunadamente, cuando hablamos de misión en el contexto de la iglesia local, normalmente se piensa en el trabajo de ultramar, en cruzar las propias fronteras geográficas para comunicar el evangelio a los «impíos». Nuestro propósito en este ensayo sobre la misión ha sido romper ese entendimiento tan limitado y limitante, para ampliar y descubrir nuevas oportunidades y aventuras en el trabajo misionero ya iniciado por Dios. Las oportunidades y aventuras no se encuentran exclusivamente en la tarea de «comunicar el evangelio a los impíos». Más bien, las oportunidades y aventuras se encuentran al co-participar como comunidad de fe en la gestión de Dios en el mundo.

93

Nuestras congregaciones evangélicas otorgan gran valor a la predicación y al testimonio. Nuestro pueblo es un pueblo que escucha la Palabra de Dios en la proclamación y comparte las hazañas de Dios en el testimonio. En este capítulo queremos presentar algunas ideas que nos ayudarán a desarrollar lo que llamamos «la predicación misional». Luego de reflexionar sobre la misión de Dios desde distintas perspectivas, me parece necesario sugerir algunas pistas que sugieran cómo integrar una práctica de la congregación —como lo es la predicación— al concepto de misión que hemos propuesto en los capítulos anteriores.

La vitalidad de la fe cristiana

Nuestras congregaciones hispanas/latinas en los Estados Unidos y en las de América Latina están creciendo. La fe está llena de vitalidad. El pueblo de Dios en el Tercer Mundo y en algunos sectores de Estados Unidos vive una efervescencia espiritual. Sin duda es un don del Espíritu de Dios. Pero, ya que toda fe busca entendimiento, se hace necesario reflexionar para descubrir los factores que Dios mismo usa en nuestro diario vivir y en nuestro contexto para que Su pueblo celebre, madure y crezca en la fe.

La interacción de la fe cristiana con los factores históricos, culturales, sociales y políticos en nuestro contexto se debe al carácter comunitario/corporal de la vida de nuestro pueblo hispano/latino y latinoamericano. La vida de fe no está aislada de las dinámicas cotidianas, que están cargadas de múltiples experiencias religiosas, culturales y sociales distintas a las de la fe cristiana. Al contrario, la fe está en constante interacción, penetrando en la *praxis* cotidiana y dejando que ésta penetre en la fe por lo que hacemos y por lo que pensamos todos los días. Por tanto, la vitalidad del cristianismo en nuestros pueblos se debe a la interacción de la fe con las múltiples realidades de la vida. Nos referimos a la relación de la fe con la vida.

Podríamos preguntar, ¿Acaso la fe, por ejemplo, entre los grupos dominantes en Norte América o en América Latina, no está en relación con múltiples factores de la vida cotidiana? Seguro que lo está. Sin embargo, la relación no es la misma. Primero, como ya indiqué en capítulos anteriores, la fe cristiana en el Occidente, y entre los grupos dominantes, asume su propio contexto como cristiano o como secular/capitalista: que tradicionalmente ha sido considerado como un aliado de la fe cristiana en algunos círculos occidentales o como enemigo de la fe, aunque disfrutando de sus beneficios. Por lo común, la fe cristiana se encuentra totalmente ligada a la cultura o, al menos vista desde la dimensión religiosa, totalmente aislada de la cultura. Esta dinámica cultural no permite una interacción crítica donde pueda ocurrir que el evangelio modifique lo cotidiano y lo cotidiano modifique al evangelio.

Por otro lado, la cultura dominante norteamericana, profundamente individualista y compartamentalizada, presume una autonomía e independencia que obstruye la posibilidad de interacción y una mutua inclusión cultural y religiosa. Es decir, la cultura dominante asume que una persona y su contexto son totalmente independientes a toda realidad que sea distinta a la aceptada y dada en el contexto de la persona. El teólogo Roberto Goizueta, en su libro Caminemos con Jesús, indica que esta presuposición eleva la experiencia y la convicción de esa persona a niveles absolutos cargados de rigidez e intolerancia. Esta manera de comprender la vida y la fe limita al creyente para descubrir la actividad de Dios en el mundo.

Todavía más, en algunos círculos misionales, particularmente en el contexto Euro-Atlántico, surgen inquietudes, por ejemplo, sobre el carácter misional de las congregaciones y la recuperación del espacio público por parte de las iglesias cristianas que basan su misiología en las transformaciones culturales que crean un ambiente hostil para la fe cristiana. Las inquietudes y reflexión misional siguen restringidas a la relación evangelio-cultura en el contexto contemporáneo (como ya lo indicamos en el capítulo tres) y con muy poco análisis histórico, sociológico, fenomenológico y antropológico. No hay duda que, exceptuando a México, estos misiólogos articulan el imperativo para las iglesias de Norte América y Europa. A pesar de ello, la misiología en estos círculos puede enriquecerse por un diálogo intercultural que permitirá ampliar las preguntas culturales, sociales y políticas e identificar la praxis existencial que motiva o frustra la interacción con la fe cristiana.

Lo antes dicho asume que la fe cristiana, junto a otros y múltiples factores culturales, sociales y políticos, tiene la capacidad de formar la biografía personal y comunal del pueblo de Dios. Por ejemplo, la lucha por proveer el pan en la mesa diaria, o el reto de

interactuar diariamente con familiares que profesan otra fe, es lo
que crea una dinámica relacional única que genera una reflexión
de fe que va más allá de los parámetros tradicionales de la reflexión teológica occidental (la Biblia, la tradición, la política denominacional y asuntos parecidos). Quiero recalcar que no me refiero a
la *experiencia* como criterio de reflexión, sino *a la interacción de la fe
con la vida, a la mutua inclusión en la vida cotidiana, a la praxis existencial con la fe.*

Quizás un ejemplo ayude a clarificar mi argumento.
Recientemente, mi clase de Religiones Mundiales en Columbia
Seminary visitó un centro musulmán de la tradición Ismaili. Esta
tradición, de las más liberales dentro de la fe islámica, no permite
visitantes en la sala de oración en el centro. Yo instruí a mis estudiantes sobre este asunto para no crear falsas expectativas sobre la
visita. Luego de una charla introductoria sobre la fe, y particularmente de la tradición Ismaili, el presidente del centro nos invitó a
un «tour» de las instalaciones. Cuando llegamos a las puertas de la
sala de oración, el presidente del centro nos invitó, sí, nos invitó a
pasar «a este lugar santísimo». Mis estudiantes y yo vacilamos por
un momento; no sabíamos cómo responder a tal invitación.
Sabíamos que estaba prohibido entrar a la sala de oración. Por otro
lado, era el presidente del centro quien nos estaba extendiendo la
invitación. De hecho, el presidente tuvo que insistir para que entrá-
ramos a la sala de oración. Fue una experiencia como la de Moisés
con la zarza ardiente (Éxodo 3). Después pasamos a la recepción
del centro donde nos obsequiaron con un almuerzo. Al compartir
el pan, los líderes del centro, y particularmente el presidente, se
preguntaban cómo había sucedido tal cosa. ¿Cómo era posible que
unos estudiantes y un profesor entraran a la sala de oración del
centro Ismaili?

Esta experiencia no puede aislarse de nuestra reflexión teológica, misional y ministerial. Mi reflexión de fe no puede reducir
esta experiencia a un dato biográfico aislado, especialmente
cuando *se conoce* la tradición religiosa con quien se tuvo tal encuentro. Todavía más, esta experiencia es formativa para aquellas personas que viven *una praxis existencial intercultural e interreligiosa.*
Por ejemplo, algunas de las personas que nos brindaron hospitalidad en el Centro Ismaili son médicos del Centro Médico más cer-
cano a mi hogar. En la Navidad yo compré algunos regalos en una

tienda cuyos dueños son miembros del Centro Ismaili, y lo supe al ver la caligrafía del nombre de Allah en la vitrina. Esta experiencia es parte de mi formación humana y comunitaria. En otras palabras, la experiencia no se restringe a lo novedoso, a lo temporal, o a lo accidental, sino que se inserta en mi desarrollo humano *y de fe* obligándome a reflexionar sobre la interacción de mi fe cristiana con la comunidad Ismaili en Decatur.

Un ejemplo intercultural/interreligioso en la reflexión bíblica

El problema de la justicia está en el centro de la fe cristiana. La tradición de los profetas es rica en su reclamo de justicia para los pobres, los huérfanos, las viudas, los forasteros y los marginados. La gestión misional de Jesús, inspirada y guiada por el Espíritu Santo, era de justicia (Lucas 4). Sin embargo, la comprensión de la justicia en el Occidente, con su legado judeo-cristiano, nubla nuestra lectura bíblica sobre la justicia. Normalmente, aun entre el pueblo cristiano, justicia es «ojo por ojo y diente por diente».

La concepción de justicia en otras tradiciones culturales y religiosas puede arrojar luz a la reflexión bíblica y teológica sobre la justicia cristiana. Obviamente, el primer paso es *reconocer* el valor que existe en el quehacer religioso y cultural de otros grupos; la *no-deficiencia* de la reflexión teológica en otras religiones. Una vez que superamos este obstáculo, comienza el arduo proceso de encontrar recursos teológicos y culturales, distintos a los nuestros, que se intersecten con las preguntas de nuestra fe y cotidianidad. Estos recursos no se descubren por ósmosis. Más bien nacen de nuestra propia interacción vivencial, de nuestra *praxis existencial*, de la relación entre fe y vida cotidiana.

Por ejemplo, la presencia de hermanos y hermanas de Corea y China en nuestro Seminario exige que nos expongamos, básicamente, a los elementos que forman su identidad cultural y cristiana. Entre estos elementos, la filosofía de Confucio es de vital importancia. Por otro lado, la población asiática a la que el Seminario sirve, sospecha de las tradiciones cristianas de la liberación y de explorar en otras fuentes religiosas por recursos para la fe cristiana. En mi reflexión sobre la justicia cristiana y en mi gestión intercultural con mis hermanos y hermanas del Este, descubrí que la filosofía de Confucio es un recurso que clarifica la concepción de la justicia cristiana. Veamos.

Un discípulo de Confucio le preguntó, «He oído decir que uno debe devolver bien por mal. ¿Qué dice usted?» Confucio contestó, «Si devuelves bien por mal, ¿qué devolverás por el bien que te han hecho? No devuelvas bien por mal. Devuelve bien por el bien, y devuelve justicia por el mal.» (*Analectas*)

Es claro que la definición de justicia provista por Confucio a su estudiante es compatible con la definición de justicia de la tradición rabínica, con la del Occidente y con la que en muchas ocasiones promueve el cristianismo. ¡El mal se paga con justicia, no con el bien! Pagar con bien el mal confunde el orden social y quiebra el contrato de equidad que caracteriza las sociedades democráticas modernas.

No obstante, el evangelio postula algo muy distinto, especialmente en el Sermón del Monte que está en Mateo 5:38-45. La nueva ley —«oísteis que fue dicho...pero yo os digo...»— es un imperativo que demanda vivir con compasión. El evangelio llama a superar una ley que, en su misma naturaleza, postula la violencia como solución jurídica, aunque sea concebida y aceptada como justicia. La declaración de Confucio sirve como espejo para reflejar nuestros propios principios de justicia, los que en ocasiones hemos confundido con el evangelio. Confucio, por tanto, ¡clarifica el evangelio y la misión en nuestro contexto occidental!

Y... ¿Qué es la predicación misional?

La predicación misional es una gestión ministerial, tanto personal como comunitaria, donde la congregación escucha y discierne el testimonio del pueblo cristiano en su lucha con y su participación en la actividad de Dios en el mundo. Esta definición se puede confundir con la siguiente declaración: La predicación misional es una gestión ministerial, personal y comunitaria, donde la congregación escucha y discierne la actividad de Dios en el mundo. Esta última declaración, asume cierta autonomía en la gestión de discernir —es la congregación la que discierne— y carece de contexto, de localización social. Pero la definición anterior, particularmente las frases «el testimonio del pueblo cristiano» y «su lucha con y su participación en» apuntan a la centralidad de la *praxis existencial* y del contexto en la predicación misional. Es en esta *praxis existencial* donde ocurre la intersección de las múltiples dimensiones de la vida. Es en la *praxis existencial* donde nos relacionamos con personas de otras culturas y religiones, donde nos enfrentamos a las injusticias e incongruencias de la vida, donde confrontamos la ambigüedad y fragilidad de nuestras acciones. También es en este espacio vital donde celebramos los triunfos y lloramos los fracasos, donde escuchamos noticias que nos desalientan y otras que nos dan esperanza. En este espacio vital compartimos el pan o desperdiciamos la comida que muchos otros necesitan; hacemos el amor apasionadamente y odiamos aquello que nos amenaza. En este espacio vital son los ejecutivos quienes deciden el trabajo de muchos y las ganancias de las corporaciones; y donde los trabajadores deciden entre mantener su salario o irse a la huelga para lograr mayores beneficios. Este espacio de *praxis existencial* es el recurso de la predicación misional.

Pero se necesita algo más que un buen recurso para la predicación misional. La clave se encuentra en la forma en que el evangelio interactúa con la *praxis existencial* y el contexto en que se vive. La predicación misional surge cuando la congregación reflexiona sobre «su lucha con y su participación en la actividad de Dios en el mundo». Es entonces cuando la *praxis existencial* se convierte en testimonio del pueblo de Dios. Hay testimonio cuando la vida, la cotidianidad, interactúa con la fe. La predicación es misional cuando la *praxis existencial,* la fe cristiana —con toda su riqueza histórica, teológica, ministerial— y la lucha y participación del pueblo de Dios en la actividad de Dios convergen para proveer un testimonio que siempre está sometido al escrutinio de la comunidad de fe. En este sentido, la predicación misional es contingente, sólo depende de nuestra fe en y dependencia de Dios. Es una predicación tentativa, provisional, temporal, pero sostenida por el discernimiento y actividad de un pueblo que lucha por ser fiel a Dios. Es una invitación al discernimiento y la participación en la misión de Dios.

La predicación misional es contingente ya que no sólo es el resultado de lo que comunicamos sobre el evangelio, sino que pondera sobre cómo se recibe el evangelio. Este es el carácter del testimonio:

está siempre sometido al escrutinio de otros. Todavía más, esta peculiaridad de la contingencia de la predicación misional nace del conocimiento y la experiencia de que no todo lo que se predica es evangelio. Por tanto, la predicación misional es paradójica: es tentativa y asertiva simultáneamente.

En el contexto de nuestras congregaciones hispanas/latinas y latinoamericanas la predicación misional es una invitación a la humildad en la tarea de comunicar el evangelio. La interacción entre la *praxis existencial,* la fe y el contexto —ese proceso de inclusión, esa dinámica entre cotidianidad, fe y contexto— no sólo exige preguntar cómo comunicamos el testimonio de la fe, sino que obliga a la pregunta sobre cómo se recibe el testimonio, tanto para los de la comunidad de fe como para los de la comunidad más amplia. Segundo, la predicación misional está informada por la cotidianidad del pueblo de Dios. Esta es una de las riquezas de los testimonios en nuestras congregaciones. La predicación misional debe estar sumergida en la intimidad de un pueblo acostumbrado a compartir inquietudes y experiencias religiosas fuera de lo que normalmente sucede en la iglesia. Por ejemplo, la fe tiene que ver con la manera en que una feligrés desarrolla una hermosa amistad con alguien de otra fe. La amistad con esta «extranjera religiosa» debe de asumirse como actividad de Dios y no como un accidente existencial. Esto significa que las congregaciones necesitan crear espacios para permitir el discernimiento y participación en la actividad de Dios y crear su testimonio en la comunidad. Por consecuencia, la predicación misional debe proveer las oportunidades para que el testimonio personal de un miembro de la congregación se traduzca como el testimonio colectivo de la congregación y del pueblo de Dios. Esto exige crear nuevas estructuras de adoración y educación que permitan escuchar y ver el testimonio del pueblo de Dios en su contexto. Finalmente, la predicación misional es en sí misma un ejercicio testimonial. Es el testimonio de una comunidad de fe que está luchando y participando con Dios en el mundo; que está discerniendo, de forma contingente y tentativa, pero en fe y confianza, la interacción e inclusión del Espíritu de Cristo en toda la creación, en las realidades y luchas que se crean por medio de esta interacción y en la manera en que la vida plantea retos que necesitan del significado que da una fe vital.

Capítulo 6
La educación teológica
y la misión

$\mathcal{L}$uego de estudiar, analizar, criticar y proponer ideas y principios sobre la misión, creo que podemos concluir que toda persona que desea ministrar en el campo misionero, ya sea cruzando fronteras geográficas o fronteras culturales, económicas o sociales en un contexto particular, necesita de una formación teológica saludable. Por mucho tiempo las organizaciones de misión han enfatizado *el llamado, la motivación y la disposición* del creyente como los criterios más importantes para servir en el campo misionero. Hoy sabemos que no basta con estos criterios. Hay una urgencia de preparar personas y congregaciones para desarrollar teologías y estrategias de misión que estén a tono con el evangelio de Jesucristo y sean relevantes para las necesidades y retos del contexto. Hay una imperiosa necesidad para desarrollar herramientas que nos ayuden a discernir y co-participar en la misión de Dios con coherencia y astucia evangélica. La disciplina que lleva a cabo tal tarea es *la misiología*.

La educación teológica es una disciplina importante para el desempeño de esta responsabilidad. Sin embargo, la educación teológica necesita descubrir interpretaciones y nuevas disciplinas que ayuden a la formación y preparación de personas y congregaciones en la tarea de la misión.

Recientemente una organización misionera envió un furgón (trailer) lleno de comida a una comunidad rural en el centro de Haití. Misioneros europeos y líderes de la comunidad estaban desarrollando un programa de desarrollo y nutrición en la comunidad cuando el furgón llegó a la comunidad. Por un lado, hubo un gran entusiasmo de parte de la comunidad por este regalo. Por otro, la aparente y temporal abundancia de comestibles desvió la atención de los pobladores de la comunidad y éstos dejaron a un lado el proyecto de desarrollo y nutrición auspiciado por los misioneros y líderes nacionales. El resultado final fue devastador. La comunidad rural, con el tiempo, careció de alimentos y de instrucción para sembrar y desarrollar sus propios comestibles. Mientras tanto, la organización celebraba el envío de los comestibles y su «fidelidad al mandato de amar al prójimo». Más tarde, sin embargo, la propia organización se preguntaba hasta cuándo los haitianos dependerían de otras instituciones para su propio sostenimiento.

Desgraciadamente, la mayoría de las veces las gestiones de «amor» en el nombre del Señor terminan haciendo más daño que bien y, todavía más, terminan reforzando los estereotipos sobre los grupos marginados. Esta historia verídica señala la necesidad de instrucción misional, de enseñar misiología en nuestras instituciones de educación teológica. Este capítulo enumera e identifica algunas áreas de trabajo y las disciplinas que pueden ayudar a desarrollar una formación misional saludable tanto para las personas como las congregaciones.

Re-descubriendo disciplinas para el estudio de la misión

Necesitamos re-descubrir la teología como una disciplina que nos ayuda a reflexionar y a practicar la misión de Dios. En muchos casos, la disciplina de la teología se concentra en los grandes temas teológicos como la Trinidad, la soberanía de Dios, la cristología, la teología del Espíritu Santo, la teología de la iglesia o eclesiología. Es común, en muchas instituciones teológicas, estudiar estos temas como abstracciones; como verdades indisolubles y absolutas que, al saberlas y creerlas, nos garantizan salvación y/o conocimiento espiritual. *Para que la teología sea buena teología tiene que estar ligada a la misión de Dios y de las iglesias. Una buena teología es una buena misiología.* Por ejemplo, reflexionar sobre la Trinidad descubriendo cómo el concepto de la Trinidad informa el modelo de misión llamado *missio Dei* es hacer buena teología. Cuando los grandes temas teológicos nos ayudan a discernir y a desarrollar estrategias misioneras coherentes con el evangelio, entonces podemos hablar de la teología como tarea misional o de la misiología como tarea teológica.

La historia es otra disciplina que necesita ser re-descubierta en función a la tarea de la misión tal como la definimos en este libro. La historia de las iglesias cristianas es la historia del discernimiento y de la actividad de las iglesias cristianas en relación a la misión de Dios en el mundo. Sin duda que en esta historia podemos encontrar muchas ocasiones en que la actividad de Dios es contraria a la actividad de las iglesias. En otras ocasiones podemos ver cómo la actividad de Dios y la actividad de las iglesias coinciden. En otras instancias, encontramos a las iglesias luchando por descubrir la misión de Dios en situaciones complejas e inciertas. En todas las ocasiones encontramos a las iglesias respondiendo a la misión de Dios.

Normalmente, la historia de las iglesias cristianas es un conglomerado de datos que «describen» hechos y pensamientos. Esta gestión histórica, con cierto valor, carece de la reflexión necesaria para ayudar al pueblo de Dios a aprender del pasado, a evaluar y actuar en el presente, y a tener valentía y esperanza para el futuro. *Para que la «historia de la iglesia» (o historias de las iglesias) sea buena en relación a la misión, ésta tiene que narrar y reflexionar sobre la vida del pueblo de Dios en su lucha por co-participar y ser fiel en la misión de Dios.*

Los estudios bíblicos son otra disciplina que necesita ser re-descubierta en relación a la misión. El capítulo dos de este libro está dedicado a dar algunas pistas sobre esta relación. Queda en manos de los lectores volver a repasar las propuestas allí descritas. Reconocemos que la Biblia, como libro sagrado de la tradición cristiana, tiene muchos usos que van desde herramienta para la devoción hasta instrumento de reflexión crítica en los círculos académicos. No obstante, *para que los estudios de la Biblia sean buenos en relación a la misión, éstos necesitan leer e interpretar las Sagradas Escrituras como un testimonio de la actividad de Dios con el pueblo de Israel, con la iglesia primitiva y con el mundo; además, también es necesario estudiar la Biblia como un testimonio del pueblo de Dios en la gestión de discernir y co-participar en la misión de Dios en el mundo.*

La teología práctica —consejería, educación cristiana, evangelización, y otras— es otra disciplina que necesita re-descubrir su relación con la misión. Esta área enfoca su discurso primordialmente a asuntos congregacionales y personales. Por tanto, como ya lo hemos indicado en capítulos anteriores, hay una tendencia a negar el lugar de la misión en su reflexión teológica. Todavía más, con la herencia de la Cristiandad —tanto católica como protestante— y preservando y asumiendo que la misión es una tarea de ultramar, de encuentros con «paganos» en el otro lado del mundo, entonces los estudios de teología práctica sirven para fortalecer los ministerios de la iglesia, no para el trabajo de misión.

En el capítulo anterior discutimos la relación entre la predicación y la misión bajo el tema de la «predicación misional». El propósito de este capítulo es re-descubrir el carácter misional de toda práctica congregacional. Por tanto, *para que los estudios de teología práctica re-descubran su relación con la misión, éstos necesitan romper con el legado de la Cristiandad y la concepción de «misión», tal como fue discutida en la introducción, reconociendo que la misión no es una actividad circunscrita a cruzar fronteras geográficas, sino que la misión es toda actividad donde la iglesia discierne y co-participa en la actividad de Dios en el mundo.*

Descubriendo otras disciplinas para el estudio de la misión

Las ciencias sociales son una herramienta importante para la misiología. Aunque todavía existe una gran resistencia a permitir que las ciencias sociales informen la reflexión teológica y misional, la ausencia de ellas expone a la misiología a abstracciones e incoherencias que históricamente han afectado la tarea misionera. Por tanto, es necesario que nuestra resistencia sea doblegada y surjan espacios para que las disciplinas sociales informen nuestra reflexión y el desarrollo de estrategias misionales.

La antropología es una disciplina muy importante en los estudios de misión. De hecho, como disciplina social, la antropología comienza y se desarrolla gracias al trabajo de campo de los misioneros y misioneras en distintas partes del Tercer Mundo desde el siglo 16 hasta el presente.

Como disciplina, la antropología nos ayuda a comprender los patrones culturales de distintos grupos sociales, nos ayuda a identificar ciertos factores que influyen en la comunicación y recepción del evangelio y nos ayuda a crear conciencia de las dificultades y complejidades en los encuentros que se dan entre culturas. Todavía más, la antropología es una herramienta teórica y práctica que sirve como un espejo para evaluar nuestro trabajo con personas de otras culturas, de género distinto, de edades distintas y de distintas regiones. *La antropología es una herramienta para la misiología ya que contribuye a desarrollar ideas, argumentos, principios y categorías que nos ayudan a comprender el proceso por el cual el evangelio se hace parte de un grupo en un contexto particular.*

Los estudios sobre la religión y las religiones son otra disciplina que puede enriquecer la tarea misional y la reflexión misiológica. Vivimos en un mundo donde hay millones de personas que profesan distintas convicciones religiosas y viven con fidelidad su fe. Ya sabemos que el uso de la fuerza, la imposición de la fe cristiana sobre otra fe, el rechazo irracional a personas de otra fe por el simple hecho de no ser cristianas, no es la mejor estrategia misionera para compartir el evangelio. El espacio evangelístico no puede encarnarse de forma antagónica. Las complejidades culturales, religiosas y políticas obligan a las congregaciones a evaluar sus prácticas misionales, particularmente en países donde la fe cristiana ha perdido credibilidad o es la expresión de un grupo minoritario.

Los estudios religiosos nos ayudan a comprender las grandes preguntas que la humanidad se ha hecho sobre Dios, la vida, la humanidad, la creación, el significado de la vida personal y comunitaria y la eternidad. Algunas de las respuestas dadas por las grandes y pequeñas tradiciones religiosas son coherentes con la fe cristiana; otras más tienen afinidad con nuestra fe, aunque con diferencias sutiles; y otras son completamente distintas.

Sin embargo, como discutimos en el capítulo cuatro, la misión de Dios antecede el trabajo misionero de las instituciones en los lugares donde existen otras expresiones religiosas y fe diferentes. Conocer y aprender de otras tradiciones religiosas puede ayudarnos a descubrir la actividad de Dios en el mundo y a discernir el tipo de teología y estrategia necesarias para hacer de la fe cristiana una invitación a la vida y no una carga y/o negación de la existencia. *Los estudios religiosos ayudan a la misiología a desarrollar una gran sensibilidad hacia grupos que profesan otras convicciones religiosas. Los estudios religiosos ayudan a la misiología a desarrollar estrategias para evitar la arrogancia espiritual que puede llevar a violencia religiosa. Todavía más, los estudios religiosos ayudan a la misiología a discernir la actividad de Dios, la misión de Dios en otras religiones y a encontrar un terreno común donde se puede hacer misión conjunta.*

Finalmente, como disciplina social, la economía es importante en el desarrollo de una buena misiología. Vivimos un mundo polarizado entre ricos y pobres. Las estadísticas de la Naciones Unidas y otras organizaciones económicas señalan que los ricos se hacen más ricos y que el número de pobres aumenta y cada vez se hacen más pobres. La reflexión misional o la misiología que no toma en cuenta la situación económica del mundo, de una región, de un país, o de una comunidad pasa por alto el carácter de justicia, paz y reconciliación que tiene el evangelio del reino de Dios. El suceso sobre la comunidad rural de Haití que mencionamos, ilustra la ingenuidad económica y política de un grupo de cristianos que quiere hacer misión proveyendo comestibles sin considerar para nada los factores económicos que tiene la comunidad.

Desgraciadamente, por lo general, las congregaciones e instituciones misioneras hablan de economía y dinero cuando se trata de «dar ofrendas o dinero de lo que a muchos les sobra», y no cuando el tema es «sobre distribución de lo que todos tenemos». En este sentido, *la economía puede ser una aliada de la misiología cuando nos ayuda a discernir el significado de la buena mayordomía en términos de justicia, paz e integridad de toda la creación.*

Una misiología saludable es la que se nutre de los mejores recursos disponibles, desde la reflexión teológica hasta los estudios económicos. Una buena misiología nunca cierra sus puertas al conocimiento. Al contrario, siempre mantiene una actitud de recepción, búsqueda y reflexión crítica sabiendo que Dios provee, de muchas formas, los criterios para discernir y participar en Su misión.

Cursos de misiología para un currículo teológico

¿Qué tipo de cursos deben incluirse en un currículo teológico o de escuela bíblica? Como hemos indicado arriba, todo curso de misiología es un curso de teología que integra muchas disciplinas. Esto hace que los cursos de misiología sean interesantes, pero también muy exigentes. Por tal razón, una profesora de misiología debe usar los recursos que tiene en sus propios estudiantes. En muchas ocasiones los estudiantes proveen perspectivas que han sido informadas por otras disciplinas y por sus diversas experiencias, esto enriquece los cursos de misiología de forma inesperada. Además, si la misiología es el estudio crítico de la actividad de Dios en el mundo y del discernimiento y actividad de la iglesia en la actividad de Dios en el mundo, entonces el pueblo de Dios es un recurso indispensable en la misiología.

Teniendo lo anterior en mente, sugerimos algunos cursos para currículos teológicos, de formación ministerial y laica y de escuela bíblica.

1) *Introducción a la misión cristiana (o la misiología)*. Este curso, como este libro, introducirá al estudiantado a la historia, teología y dimensión práctica de la misión. En un curso de introducción se plantean y desarrollan los temas generales dentro de la disciplina. El curso debe ir acompañado por alguna experiencia misional en un contexto que normalmente no se considere como «territorio de misión».

2) *La congregación local, la misión y los proyectos misioneros*. Nuestras congregaciones hispanas/latinas y latinoamericanas están preparando «short-term mission trips» o viajes cortos de misión que se enfocan en un tipo de proyecto misionero. En muchas ocasiones estos viajes cortos de misión se convierten en un tipo de «turismo misional» y se pierde la integridad del proyecto; es decir, la oportunidad de que un grupo de creyentes pueda reflexionar sobre el significado de la misión de Dios. Este curso ayudaría a la congregación a (1) preparar al grupo desarrollando una conciencia misional; (2) instituir en el grupo una conciencia sobre el significado de hacer misión en otro contexto y con el pueblo de Dios ubicado en otro lugar; y (3) desarrollar estrategias para compartir con la congregación local auspiciadora la experiencia y el crecimiento en la fe que nace de la participación misional.

3) *Biblia, misión y la adoración en la congregación local.* Este curso ayudará a integrar la reflexión bíblica, que tanto caracteriza nuestras congregaciones hispanas/latinas y latinoamericanas, con la reflexión misional y la adoración congregacional. El curso podrá explorar preguntas como: ¿Cuál es la relación entre el bautismo y la misión? ¿Cuál es la relación entre el cántico congregacional, la Cena del Señor y la misión de Dios encarnada en la congregación? La propuesta del curso será que la experiencia de adoración y del cultivo de la vida de fe por medio de las Escrituras están integrados a nuestra práctica de misión.

Algunos cursos a nivel avanzado pueden ser:

1) *Historia de la misión de la iglesia.* Este curso proveerá el panorama amplio de la actividad del pueblo de Dios en la misión de Dios. Se estudian los métodos misioneros, las grandes figuras del pensamiento misional y la tarea misional. También se estudian los errores y las frustraciones en la tarea de misión.

2) *Misión cristiana y encuentro con otras religiones.* Este curso explora las distintas respuestas misiológicas del encuentro de la fe cristiana con otras religiones. Tal encuentro es diverso y enriquecedor. Por tanto, será necesario exponer al estudiantado a la diversidad y creatividad de posturas que la tradición cristiana ha ido descubriendo en su encuentro con personas de otras convicciones religiosas.

3) *Misión cristiana, cultura e iglesia local.* El tema de evangelio y cultura está tomando fuerza en los círculos misiológicos. Con el cambio en la demografía cristiana —la fe cristiana está creciendo en el Tercer Mundo mientras que se reduce en el contexto Nor-atlántico— la fe comienza a interactuar con culturas muy distintas a las occidentales. Este curso podrá proveer las teologías de misión que lidian con el tema de evangelio y cultura y recalcan la vitalidad de la fe en la medida que ésta interactúa con diferentes culturas.

La misiología es una disciplina que integra muchas disciplinas teológicas y seculares al trabajo misional de la iglesia local. Todo curso de misiología busca discernir la actividad misionera de Dios para ayudar al pueblo de Dios a actuar en coherencia con esa actividad en el mundo. ¡Que el Señor nos ayude en esta tarea!

Conclusiones

Síntesis y visión de la misión

Este capítulo tiene el propósito de dar una síntesis y proveer una «visión de la misión» para este tiempo. Quien lo lea, podrá llegar a sus propias conclusiones sobre el contenido de este ensayo. No obstante, es nuestra responsabilidad ofrecer, tal como se hizo en la introducción, un panorama general de los cambios en la teología y práctica de la misión. Nuestro objetivo es que este ensayo sea informativo, y a la vez contribuya a la discusión sobre la misión de Dios y de las congregaciones en institutos, seminarios, congregaciones y organizaciones misionales.

A manera de síntesis

En primer lugar, el concepto de misión *enfoca la actividad de Dios en el mundo*. Antes, hablar de misión era hablar de la actividad de ultramar de la iglesia, del cruce de fronteras geográficas; hoy en día los misiólogos se refieren a la actividad de Dios en el mundo al hablar sobre la misión.

En segundo lugar, *las congregaciones y organizaciones cristianas co-participan en la misión de Dios. Ellas son co-protagonistas en la actividad misionera de Dios en el mundo.* La vuelta a la centralidad de Dios en la actividad misionera no desplaza al pueblo de Dios en la misión, sino que lo ubica en la perspectiva de ser *objeto y sujeto* de la misión de Dios en el mundo. Por tanto, el pueblo de Dios discierne la actividad misionera de Dios en el mundo mediante la reflexión y la acción. Se descubre la misión de Dios en la medida en que se participa de la misión de Dios.

En tercer lugar, *el concepto, las teologías y las prácticas de misión cambian a través de la historia del cristianismo.* Las teologías y prácticas de misión no están escritas en piedra. Al contrario, son fluidas, tienen movimiento y dinamismo: nacen, se desarrollan, pierden relevancia en la historia, o se recuperan con cambios, y algunas quedan obsoletas. Por tanto, *las teologías y prácticas de misión son* **contextuales y temporales.**

En cuarto lugar, por consecuencia, *las teologías y prácticas de misión son contingentes, no rígidas y, mucho menos, absolutas.* Esta es la razón por la cual encontramos gran diversidad de teologías y prácticas de misión en la historia del cristianismo; inclusive, dentro de un mismo período de la historia del cristianismo. Por ejemplo, como hemos discutido en el capítulo cuatro, hoy en día la gestión misional por parte de congregaciones y organizaciones misionales es multiforme y multidimensional. Algunas se concentran en trabajos de ayuda social, otras en gestiones de diálogo inter-religioso, y otras en la evangelización. Todas, de formas diferentes, están discerniendo y participando en la misión de Dios.

Por otro lado, esta contingencia no significa que las teologías y prácticas de la misión no sean importantes o puedan ser desechadas acríticamente. El carácter contingente de las teologías y prácticas de la misión nos recuerda *que la actividad misionera es de Dios.* La gestión de hacer teología y desarrollar prácticas teológicas es una cuestión de discernimiento de la misión. Tal como hemos argumentado a través de este libro, *el discernimiento de la misión de Dios surge de la participación del pueblo de Dios en la misión de Dios.* Así que, lo que es crítico e importante, en quinto lugar, es que el pueblo de Dios *tiene una vocación misionera que nace en el Dios de la misión.* Las teologías y las prácticas de misión pueden ser contingentes, pero la misión de Dios y el llamado de Dios a su pueblo para co-participar en la misión es absoluta.

En sexto lugar, *el carácter diverso y contingente de las teologías y prácticas de misión implica que hay teologías y prácticas de misión que son mejores que otras.* Por ejemplo, como resultado de la invasión a América durante el siglo 16 y el encuentro de los conquistadores con civilizaciones avanzadas como la Azteca y la Inca, en 1550 se llevó a cabo el gran debate de Valladolid. Allí se discutió la humanidad de los pueblos indígenas, la legitimidad de la conquista y la teología y práctica de la evangelización en América Latina. Una de las figuras en el debate fue Juan Ginés de Sepúlveda, promotor de la conquista violenta y la encomienda basada en la inferioridad de los indígenas. La otra figura fue el defensor de los indígenas, Fray Bartolomé de Las Casas que defendió el derecho político de los indígenas, su humanidad y propuso una teología basada en la persuasión para la evangelización de estos pueblos. El otro personaje en este debate fue Francisco de Vitoria, un teólogo dominico, que propuso una tercera alternativa reconociendo «las diferencias contextuales» de los pueblos indígenas que permitían a la Corona de España intervenir para «elevar el nivel de civilización» de los pueblos indígenas.

La propuesta de Vitoria, como indica Alex García-Rivera en su libro *St. Martin de Porres: "The Little Stories" and the Semiotics of Culture*, resalta la diferencia cultural entre los indígenas y los conquistadores, una perspectiva importante que informa la gestión misionera y la realidad de diversidad cultural que hoy afirmamos tanto. Sin duda, Vitoria —que nunca visitó las Américas— hace un gran descubrimiento y su propuesta puede considerarse como un prototipo del trabajo antropológico en la época moderna. Es una contribución enorme a la reflexión teológica y misional sobre el encuentro entre culturas, en este caso la de los españoles y la de los indígenas. No obstante, su propuesta antropológica careció del análisis social y de la configuración del poder en las Américas, y así legitimó la conquista y permitió que los conquistadores continuaran con los abusos, la opresión y la explotación de los pueblos indígenas. Ginés de Sepúlveda, que tampoco había visitado las Américas, en el debate y a través de su discurso legitimaba la guerra, la conquista y la evangelización violenta de los pueblos indígenas. Esta posición fue la más popular en aquel entonces y hoy en día la más rechazada.

Las Casas por el otro lado, aunque no proveyó una interpretación novedosa al entendimiento antropológico como lo hizo Vitoria, tomó una postura de solidaridad basada en su propia conversión, educación filosófica, experiencia personal y comunitaria, y su trabajo misionero con los indígenas. Su teología y práctica de la misión no fue desencarnada, como la de Ginés de Sepúlveda, o novedosa, como la de Vitoria. Sin embargo, fue una teología y práctica de misión que tomó muy en serio la vocación misional de España en las Américas como agentes en la evangelización, y a los pueblos indígenas como agentes a evangelizar. Las Casas no sólo tuvo una perspectiva inter-cultural, una reflexión crítica de los dos mundos (España y las Américas), sino una capacidad de reconocer los problemas políticos, económicos y sociales que informaron y formaron las teologías y prácticas de la misión en su época. Por tal razón, aunque su antropología misional no consideró «las diferencias contextuales» que Vitoria descubrió, sí se opuso a la violencia, defendió a los indígenas, propuso una evangelización persuasiva y le declaró a España, como todo buen profeta, el juicio de Dios ante el dolor y la opresión que estaba imponiendo a los pueblos americanos.

En séptimo lugar, *las teologías y prácticas de la misión tienen mayor vitalidad en contextos donde la gestión misional es intercultural, interreligiosa, integrada a la fe y la cotidianidad del pueblo, y a la vida de adoración y estudio de la comunidad de fe.* En muchas ocasiones las actividades misionales en comunidades de fe se concentran en un grupo de creyentes interesados en tal actividad. Luego, para comunicarle al resto de la comunidad la experiencia misional, se hacen «actividades especiales», «ferias de misión», o «semana de énfasis misional». Desgraciadamente, la gestión misional se diluye al sólo considerarse como «momentos especiales» en la vida de la comunidad. La participación por parte del pueblo de Dios en la misión de Dios debe integrarse a todo el quehacer de la vida de la comunidad de fe. Los espacios de testimonio en nuestras congregaciones, los cultos de oración, los estudios bíblicos, los cultos de predicación y sacramentos y las actividades congregacionales deben explorar la siguiente pregunta: ¿Qué ha hecho y continúa haciendo Dios en Jesucristo, a través del Espíritu, que anuncia los valores de su Reino, el evangelio para toda su creación? Me parece que con esta pregunta toda actividad cúltica y programática tiene el potencial de descubrir su dimensión misional.

En último lugar, *la misión de Dios está ligada a la gente y a la creación en pleno*. En ocasiones estamos tan obsesionados con el «hacer misión» que perdemos de vista las dinámicas humanas y contextuales que configuran la actividad misionera de las congregaciones y organizaciones misioneras. Por ejemplo, estaba en un taller de comunidades de base en San José, Costa Rica. A este taller asistieron personas de distintas etnias y de distintas regiones. Entre el grupo se encontraba un número significativo de indígenas del Perú, de Bolivia y de Guatemala. Nos tocó discutir el tema de la unidad del pueblo de Dios, y recuerdo haber mencionado el tema de la evangelización de las Américas como criterio para la unidad del pueblo de Dios y para la unidad del pueblo de Dios en América Latina.

La respuesta del grupo indígena y afro-latinoamericano fue sorprendente y hostil: «¿A qué se refiere usted al proponer la evangelización de las Américas como criterio de unidad del pueblo de Dios?», me preguntaron de forma incisiva y desafiante. Tuve que dar muchas explicaciones. Mis argumentos eran bíblicos y teológicos. Pensé que había ganado territorio y que podía justificar este tema tan importante. Sin embargo, los indígenas y los afro-latinoamericanos continuaban su resistencia.

De repente, un indígena guatemalteco, de nombre español Juan, me miró fijamente a los ojos y me dijo: «Con la justificación de la evangelización destruyeron nuestros pueblos y mataron a nuestros ancestros. Con la justificación de la evangelización nos robaron nuestras tierras y nos tomaron como esclavos. Con la justificación de la evangelización nos persiguen, nos atropellan, y hasta nos matan hoy en día. Me parece que va a ser muy difícil que hablemos de la evangelización de las Américas para lograr la unidad del pueblo de Dios».

Sus palabras fueron duras, pero sabias. ¿Qué idea tenía yo que «la evangelización», un término tan común y misional, fuera a causar tanto dolor y resistencia? La historia de los pueblos indígenas, como la historia de Hatuey en la introducción, nos ayuda a reflexionar sobre lo que debe ser una buena teología y práctica de misión. Por un lado, la misión necesita redimir la historia de dolor y opresión con que la fe cristiana se comunicó y ha sido identificada en tantos lugares de este mundo. Por el otro, la misión necesita ser asertiva en su gestión para comunicar el evangelio del reino de Dios. Son los extremos, y el pueblo de Dios tiene que caminar entre ambos con cautela, confiando en la dirección que le da el Espíritu durante el proceso de discernir y participar en la actividad de Dios en el mundo.

La visión de misión

La misión continúa cambiando. Uno de los factores que ha cambiado nuestra reflexión y acción en la misión es la contribución y actividad misionera del llamado «tercer mundo», de los países de la periferia, tal como se discutió en el capítulo cuatro.

La visión de la misión está cambiando. Ya el personal misionero no tiene piel clara, ojos azules o verdes y pelo rubio. Ahora el personal misionero tiene tez oscura, ojos marrones, cabello oscuro y rizado, o tan lacio que parece «pelo muerto». El personal misionero está cambiando, y con ellos la cultura con la que se comunica el evangelio (véase capítulo tres y cuatro sobre el tema de evangelio y cultura, inculturación y contextualización). Los lugares de misión también están cambiando, ya que muchas organizaciones misioneras están enviando a su personal misionero a países donde la fe cristiana no es recibida con hospitalidad (nuevamente, la historia de la transmisión de la fe cristiana en algunos países hace que el trabajo misionero sea difícil y hasta peligroso). La misión, tanto en su teología como en su práctica, está en cambio.

Esta visión, con personal misionero que antes era objeto de evangelización y ahora es sujeto (partícipe) de la misión, exige cambios en la educación, preparación, adiestramiento y apoyo del personal misionero. Sería grave repetir los errores de las gestiones misioneras anteriores. Es necesario aprender de la historia.

Por otro lado, el cambio en la visión de la misión trae nuevas oportunidades en la gestión misionera. Estas oportunidades son una invitación a co-participar en la misión de Dios *no imitando los modelos anteriores, algunos de los cuales no reflejan la integridad del evangelio, sino discerniendo y desarrollando una reflexión y acción contextual que reconozca que Dios ha hecho su obra incluso antes de nuestra llegada y acción en el contexto de misión y que la sigue haciendo. Dios es el agente de misión. Como pueblo de Dios nosotros somos co-partícipes en la misión.*

Bibliografía

$\mathcal{E}$sta bibliografía es solamente una introducción a lecturas misiológicas; por lo tanto no es exhaustiva. Hay muchos otros libros dedicados a las teologías y prácticas de la misión alrededor del mundo. Esta bibliografía, sin embargo, provee lo que considero algunos de los mejores recursos en el campo de los estudios de misión en las últimas dos décadas. Algunos de los libros han sido seleccionados por los editores del *International Bulletin of Missionary Research* —una de las revistas de misión más conocidas y distinguidas en el mundo— como los más sobresalientes en misiología durante la década de 1989–1999 (véase IBMR, abril, 2000). Otros son de mi propia selección.

La bibliografía ha sido dividida en temas, como misión y Biblia, contextualización, recursos económicos y misión, diálogo interreligioso y otros. Todos versan sobre teología de la misión. No obstante, yo he creado el apartado de «teología de la misión» donde he seleccionado los recursos que son de carácter ecuménico. Espero que después de haber leído esta introducción, ahora esté motivado a leer un poco más sobre esta disciplina. Esta bibliografía es un recurso para comenzar una aventura intelectual y espiritual que ampliará su conocimiento misional.

Misión y Biblia
Ariarajah, Wesley. *The Bible and People of Other Faiths.* Geneva: WCC, 1985; Maryknoll: Orbis, 1989.

Koenig, John. *The Feast of the World's Redemption*. Pennsylvania: Trinity Press International, 2000.

Köstenberger, Andreas. *The Missions of Jesus and the Disciples According to the Fourth Gospel*. Grand Rapids, Michigan: Eerdmans, 1998.

Legrand, Lucien. *Unity and Plurality: Mission in the Bible*. Maryknoll, New York: Orbis, 1990.

Saunders, Stanley, and Campbell, Charles. *The Word in the Street: Performing the Scriptures in the Urban Context*. Grand Rapids: Michigan, 2000.

Senior, Donald Stuhlmueller, Carroll. *The Biblical Foundation of Mission*. Maryknoll, New York: Orbis, 1983.

Biografías
Anderson, Gerald, ed. *Biographical Dictionary of Christian Missions*. Grand Rapids, Michigan: Eerdmans, 1999.

Anderson, Gerald, Robert T. Coote, Norman Horner, and James M. Phillips, eds. *Mission Legacies: Biographical Studies of Leaders of the Modern Missionary Movement*. Maryknoll, New York: Orbis, 1994.

Krummel, John W. ed. *A Biographical Dictionary of Methodist Missionaries to Japan: 1873–1993*. Tokyo: Kyo Bun Kwan. Available from Cokesbury, P.O. Box 801, Nashville, Tenn., 1996.

Misión y Contextualización
Bevans, Stephen. *Models of Contextual Theology*. Maryknoll, New York: Orbis, 1992.

Bosch, David J. *Believing in the Future: Toward a Missiology of Western Culture*. Valley Forge, Pennsylvania: Trinity Press International, 1995.

Christensen, Thomas G. *An African Tree of Life*. Maryknoll, New York: Orbis, 1990.

Guder, Darrell, ed. *Missional Church*. Grand Rapids, Michigan: Eerdmans, 1998.

Hiebert, Paul G. *Anthropological Reflections on Missiological Issues*. Grand Rapids, Michigan: Baker Books, 1994.

Hunsberger, George R. *Bearing the Witness of the Spirit: Lesslie Newbigin's Theology of Cultural Plurality*. Grand Rapids, Michigan: Eerdmans, 1998.

_____ and Craig Van Gelder. *The Church Between Gospel and Culture: The Emerging Mission in North America*. Grand Rapids, Michigan: Eerdmans, 1996.

Kraft, Charles H. *Anthropology for Christian Witness*. Maryknoll, New York: Orbis, 1996.

Newbigin, Lesslie. *The Gospel in a Pluralistic Society*. Grand Rapids & Geneva: Eerdmans & WCC, 1989.

Sanneh, Lamin. *Translating the Message*. Maryknoll, New York: Orbis, 1989.

Schreiter, Robert. *Local Theology*. Maryknoll, New York: Orbis, 1985.

Misión y Ecumenismo

Cone, James H. *Speaking the Truth: Ecumenism, Liberation and Black Theology*. Maryknoll, New York: Orbis, 1986, 1999.

Fackre, Gabriel J. *Ecumenical Faith in Evangelical Perspective*. Grand Rapids, Michigan: Eerdmans, 1993.

González, Justo L. *Out of Every Tribe and Nation: Christian Theology at the Ethnic Roundtable*. Nashville: Abingdon, 1992.

Raiser, Konrad. *Ecumenism in Transition*. Geneva: WCC Press, 1991.

Sawyer, Mary R. *Black Theology: Implementing the Demands of Justice*. Pennsylvania: Trinity Press International, 1994.

Schreiter, Robert. *The New Catholicity*. Maryknoll, New York: Orbis, 1997.

Misión y el Medio Ambiente
Hallman, David G., ed. *Ecotheology*. Geneva: WCC Press & Maryknoll: Orbis, 1994.

Ruether, Rosemary Radford, ed. *Women Healing the Earth*. Maryknoll, New York: Orbis, 1996.

Misión y Evangelización
Arias, Mortimer and Alan Johnson. *The Great Commission: Biblical Models for Evangelism*. Nashville: Abingdon, 1992.

Costas, Orlando. *Liberating News: A Theology of Contextual Evangelization*. Grand Rapids, Michigan: Eerdmans, 1989.

Misión e Historia
Carpenter, Joel and Wilbert R. Shenk, eds. *Earthen Vessels: American Evangelicals and Foreign Missions, 1880–1980*. Grand Rapids, Michigan: Eerdmans, 1990.

Dries, Angelyn. *The Missionary Movement in American Catholic History*. Maryknoll, New York: Orbis, 1998.

Pagán, Luis Rivera. *A Violent Evangelism: The Political and Religious Conquest of the Americas*. Louisville: John Knox/Westminster, 1992.

Robert, Dana L. *American Women in Mission: A Social History of Their Thought and Practice*. Macon, Georgia: Mercer University Press, 1997.

Sandoval, Moisés. *On the Move: A History of the Hispanic Church in the United States*. Maryknoll, New York: Orbis, 1990.

Tinker, George E. *Missionary Conquest: The Gospel and Native American Genocide*. Minneapolis: Fortress Press, 1993.

Walls, Andrew F. *The Missionary Movement in Christian History.* Maryknoll, New York: Orbis, 1996.

Misión, Justicia y Liberación
Arias, Mortimer. *Announcing the Reign of God.* Philadelphia: Fortress. 1984.

Costas, Orlando. *Christ Outside the Gate: Mission Beyond Christendom.* Maryknoll, New York: Orbis, 1982.

Driver, John & Escobar, Samuel. *Christian Mission and Social Justice.* Herald Press, 1980.

Schreiter, Robert J. *Reconciliation.* Maryknoll, New York: Orbis, 1992.

Misión y Recursos Económicos
Jonathan J. Bonk. *Missions and Money: Affluence as a Western Missionary Problem.* Maryknoll, New York: Orbis, 1991.

Misión y Teología de la Religión/Diálogo Interreligioso
Braaten, Carl E. *No Other Gospel! Christianity Among the World' Religions.* Minneapolis: Fortress Press, 1992.

Burrows, William R. ed. *Redemption and Dialogue: Reading "Redemptoris Missio" and "Dialogue and Proclamation."* Maryknoll, New York: Orbis, 1994.

D'Costa, Gavin, ed. *Christian Uniqueness Reconsidered: The Myth of a Pluralistic Theology of Religions.* Maryknoll, New York: Orbis, 1990.

_____. *The Meeting of Religions and the Trinity.* Maryknoll, New York: Orbis, 2000.

Dupuis, Jacques. *Toward a Christian Theology of World Religious Pluralism.* Maryknoll, New York: Orbis, 1997.

Hick, John and Paul Knitter, eds. *The Myth of Christian Uniqueness.* Maryknoll, New York: Orbis, 1987.

Knitter, Paul F. *One Earth Many Religions: Multifaith Dialogue and Global Responsibility*. Maryknoll, New York: Orbis, 1995.

O'Neill, Maura. *Women Speaking, Women Listening*. Maryknoll: Orbis, 1990.

Sharpe, Eric J. *Faith Meets Faith*. London: SCM Press, 1977.

Thangaraj, Thomas. *Relating to People of Other Religions: What Every Christian Needs to Know*. Nashville: Abingdon press, 1997.

Thomas, M. M. *Risking Christ for Christ's Sake*. Geneva: World Council of Churches, 1987.

Misión y Teología
Bosch, David J. *Transforming Mission: Paradigm Shifts in Theology of Mission*. Maryknoll, New York: Orbis, 1991.

Gittens, Anthony J. *Bread for the Journey: The Mission of Transformation and the Transformation of Mission*. Maryknoll, New York: Orbis, 1993.

Dempster, Murray, Byron D. Klaus, and Douglass Peterson, eds. *The Globalization of Pentecostalism: A Religion Made to Travel*. Oxford and Carlisle, U.K.: Regnum and Paternoster, 1999.

Douglass, J.D. ed. *Proclaim Christ Until He Comes: Calling the Whole Church to Take the Gospel to the Whole World. Lausanne II in Manila*. Minneapolis, Minnesota: Worldwide Publications, 1990.

Elizondo, Virgilio. *The Future is Mestizo: Life Where Cultures Meet*. Bloomington: Meyer-Stone Books, 1988.

Jenkinson, William, and Helene O'Sullivan, eds. *Trends in Mission: Toward the Third Millennium*. Maryknoll: Orbis, 1991.

Johnson, Elizabeth A. *She Who Is*. New York: Crossroad, 1997.

Kirk, J. Andrew. *What is Mission? Theological Explorations.* Minneapolis: Fortress Press, 1999.

Scherer, James A. And Stephen B. Bevans, eds. *New Directions in Mission and Evangelization, Volumes 1, 2 & 3.* Maryknoll: Orbis, 1992, 1994, 1999, respectively.

Shenk, Wilbert R. *Changing Frontiers in Mission.* Maryknoll: Orbis, 1999.

Thangaraj, Thomas. *The Common Task: A Theology of Christian Mission.* Nashville: Abingdon Press, 1999.

Thomas, Norman. *Classic Texts in Mission and World Christianity.* Maryknoll: Orbis, 1995.

Van Engen, Charles. *Mission on the Way: Issues in Mission Theology.* Grand Rapids, Michigan: Baker Books, 1996.

Verstrelen F. J. *et.al. Missiology: An Ecumenical Introduction.* Grand Rapids, Michigan: Eerdmans, 1995.

Williams, Delores. *Sisters in the Wilderness.* Maryknoll: Orbis, 1993.

Yates, Timothy. *Christian Mission in the Twentieth Century.* Cambridge: Cambridge University Press, 1994.

Misión y Trabajos Latino/Hispanos
Costas, Orlando. *Christ Outside the Gate: Mission Beyond Christendom.* Maryknoll: Orbis, 1982.

_____. *Evangelización Contextual: Fundamentos Teológicos y Pastorales.* San José, Costa Rica: Ediciones SEBILA, 1986.

_____. *Liberating News: A Theology of Contextual Evangelization.* Grand Rapids, Michigan: Eerdmans, 1989.

Elizondo, Virgilio. *Galilean Journey: The Mexican-American Promise.* Maryknoll: Orbis, 1983.

_____. *The Future is Mestizo: Life Where Cultures Meet.* Bloomington: Meyer-Stone Books, 1988.

Isasi-Díaz, Ada María. *En la Lucha/In the Struggle: A Hispanic Women's Liberation Theology.* Minneapolis: Fortress Press, 1993.

González, Justo L. *Mañana: Christian Theology from a Hispanic Perspective.* Nashville: Abingdon, 1990.

_____. *Out of Every Tribe and Nation: Christian Theology at the Ethnic Roundtable.* Nashville: Abingdon, 1992.

_____. *Santa Biblia: The Bible Through Hispanic Eyes.* Nashville: Abingdon, 1996.

Recinos, Harold. *Who Comes in the Name of the Lord?: Jesus at the Margins.* Nashville; Abingdon Press, 1997.

Apéndice:
Diagramas de misión transcultural

Diagrama uno:
El encuentro entre culturas
Los lentes culturales y la asimetría

Lentes culturales

A

Lentes culturales

+ Asimetría −

B

Lentes culturales

El encuentro entre culturas

1. El encuentro entre culturas es un fenómeno común en contextos misionales y en el mundo de hoy.
2. Las culturas nunca se encuentran en el mismo plano de referencia.
3. Muchos factores determinan la asimetría en los encuentros culturales.
4. La cultura «A» conoce la cultura «B» mediante sus lentes culturales; «A» nunca conoce a «B» de forma objetiva y viceversa.
5. Ninguna cultura conoce a otra de forma objetiva.

Factores de la asimetría

1. Las culturas nunca se encuentran en el mismo plano de referencia.
2. La configuración del poder entre culturas determina el carácter de la asimetría. Algunos de los factores que configuran la asimetría son
   a. la economía
   b. el desarrollo
   c. la historia
   d. la tecnología
   e. la etnia
   f. el lenguaje
   g. las presunciones culturales sobre otras culturas; los lentes culturales y religiosos.

Diagrama dos:
Transmisión y recepción
del evangelio

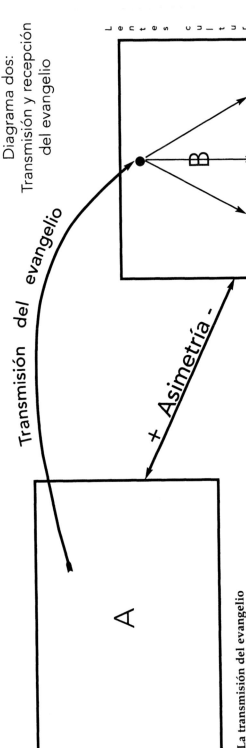

Lentes culturales

Transmisión del evangelio

+ Asimetría -

A

Recepción del evangelio

B

Lentes culturales

La transmisión del evangelio

A. El evangelio siempre se transmite a través de los recursos y lentes culturales del grupo emisor. El evangelio transmitido es un evangelio contextualizado.

B. Distintos grupos misionales tienen distintos niveles de conciencia sobre la dinámica de la transmisión y recepción del evangelio. Muy pocos están conscientes del carácter contextual del evangelio que transmiten.

C. Existen distintos niveles de conciencia sobre las teologías y prácticas de la transmisión del evangelio.

Factores asimétricos en el encuentro de culturas:

A. Las culturas nunca tienen su encuentro en el mismo plano de referencia.

B. La configuración del poder entre las culturas determina el grado de asimetría entre las culturas. Algunos de los factores que configuran la asimetría son:

1. La economía
2. El desarrollo
3. La historia
4. La tecnología
5. La etnia
6. El lenguaje

7. Las presuposiciones o prejuicios culturales

Recepción del evangelio

A. El evangelio transmitido interactúa con los recursos culturales del grupo receptor.

B. La recepción del evangelio es conocida como *contextualización*.

C. La recepción del evangelio es un proceso intercultural complejo.

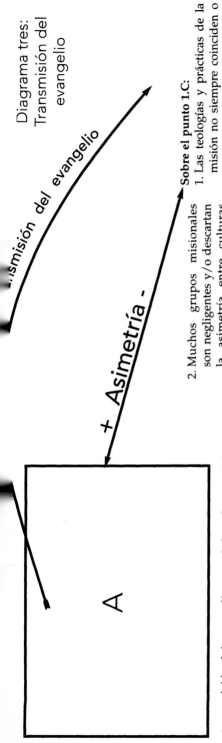

Transmisión del evangelio

+ Asimetría -

A

Lentes culturales

La transmisión del evangelio

1.A El evangelio siempre se transmite a través de los recursos y lentes culturales del grupo emisor. El evangelio transmitido es un evangelio contextualizado.

1.B Distintos grupos misionales tienen distintos niveles de conciencia sobre la dinámica de la transmisión y recepción del carácter contextual del evangelio que transmiten.

1.C Existen distintos niveles de conciencia sobre las teologías y prácticas de la transmisión del evangelio.

Sobre el punto 1.A:

1. El evangelio es dinámico con la cultura en determinado contexto; no existe un evangelio que no esté encarnado en un contexto particular;

2. El evangelio se transmite de una cultura particular a otra cultura particular; no existe tal cosa como la transmisión de un evangelio «puro».

Sobre el punto 1.B:

1. Muchos grupos misionales asumen que transmiten un evangelio «puro».

2. Muchos grupos misionales son negligentes y/o descartan la asimetría entre culturas como factor crítico en la transmisión del evangelio;

3. Muchos grupos misionales no ven la relación entre su propio proceso de recepción (contextualización) y su transmisión del evangelio;

4. Grupos misionales conscientes y responsables de sus lentes y trasfondos culturales en la transmisión del evangelio usualmente intentan compensar y balancear el nivel asimétrico en el encuentro;

5. La transmisión del evangelio se caracteriza por un proceso intercultural altamente complejo.

Sobre el punto 1.C:

1. Las teologías y prácticas de la misión no siempre coinciden o son coherentes las unas con las otras;

2. Muchas veces se asume que la transmisión del evangelio es una «actividad misionera» carente de reflexión teológica crítica;

3. La transmisión, como actividad teológica, necesita incorporar los mejores recursos intelectuales y prácticos accesibles en un determinado contexto;

4. La transmisión, como actividad práctica, necesita someterse a un proceso crítico de evaluación teológica desde la perspectiva de los transmisores y de los receptores.

127

Diagrama cuatro
Recepción del evangelio

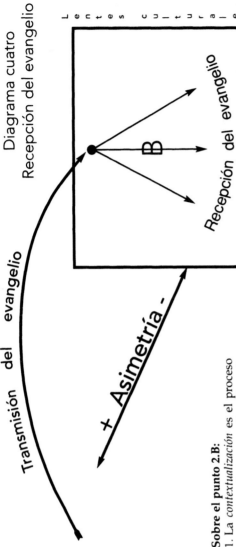

Transmisión del evangelio

Recepción del evangelio

Recepción del evangelio

B

+ Asimetría -

Lentes culturales

Recepción del evangelio

2.A El evangelio transmitido interactúa con los recursos culturales del grupo receptor.

2.B La recepción del evangelio es conocida como el proceso de *contextualización*.

2.C La recepción del evangelio es un proceso intercultural complejo.

Sobre el punto 2.A:

1. El grupo transmisor experimenta un choque cultural en el encuentro entre culturas;

2. El evangelio se transmite *y* se recibe en un espacio cultural y con los lentes culturales del contexto, nunca en el vacío;

3. La asimetría entre dos o más culturas configura la recepción del evangelio;

4. El evangelio transmitido interactúa paulatinamente con los recursos culturales del grupo receptor.

Sobre el punto 2.B:

1. La *contextualización* es el proceso por el cual el evangelio echa raíces en un espacio y tiempo particular;

2. El proceso de *contextualización* tiene como guía para insertarse a la historia y la teología cristiana en un contexto particular;

3. El proceso de *contextualización* toma en cuenta los cambios culturales, sociales, históricos y la realidad contemporánea de un contexto particular;

4. La *contextualización* toma en cuenta la la influencia de procesos globalizantes como la tecnología y los medios de comunicación;

5. El agente primordial de la *contextualización* es el grupo receptor.

Sobre el punto 2.C:

1. La recepción del evangelio es un encuentro/intercambio con los recursos culturales del grupo «B»;

2. La recepción del evangelio es un proceso intercultural que se da a distintos niveles:

   a. Del evangelio transmitido con la cultura receptora;

   b. Del evangelio recibido con los recursos culturales, sociales y religiosos de «B»;

   c. Del evangelio recibido con «otros» evangelios recibidos en la historia y el contexto de «B»;

3. El proceso de *contextualización* desarrolla entendimientos particulares del evangelio que serán transmitidos en la actividad misionera;

4. La transmisión y recepción del evangelio son las dos caras de la misma moneda.

128

CPSIA information can be obtained
at www.ICGtesting.com
Printed in the USA
FSOW01n1340060917
38428FS